U0906261

焦土故事

全球资本主义最后的旅程

[美]
乔纳森·克拉里
（Jonathan Crary）
著

马小龙
译

中国出版集团 | 全国百佳图书
中国民主法制出版社 | 出版单位

图书在版编目（CIP）数据

焦土故事：全球资本主义最后的旅程 /（美）乔纳森·克拉里（Jonathan Crary）著；马小龙译著.—北京：中国民主法制出版社，2022.12

ISBN 978-7-5162-3036-7

Ⅰ.①焦… Ⅱ.①乔… ②马… Ⅲ.①信息经济—研究—世界 Ⅳ.①F491

中国国家版本馆CIP数据核字（2023）第001043号

北京市版权局著作权合同登记　图字：01-2023-0265

SCORCHED EARTH: BEYOND THE DIGITAL AGE TO A POST-CAPITALIST WORLD

By JONATHAN CRARY

Copyright:©JONATHAN CRARY 2022

This edition arranged with VERSO BOOKS

through Big Apple Agency, Inc., Labuan, Malaysia.

Simplified Chinese edition copyright:

2023 Beijing Mandarin panorama CO.,LTD

All rights reserved.

图书出品人： 刘海涛

出 版 统 筹： 石　松

责 任 编 辑： 张佳彬　高文鹏　刘险涛

书　　名/ 焦土故事：全球资本主义最后的旅程

作　　者/［美］乔纳森·克拉里（Jonathan Crary）著

译　　者/ 马小龙

出版·发行/中国民主法制出版社

地址/北京市丰台区右安门外玉林里7号（100069）

电话/（010）63055259（总编室）　63058068　63057714（营销中心）

传真/（010）63055259

http：// www.npcpub.com

E-mail：mzfz@npcpub.com

经销/新华书店

开本/32开　880mm × 1230mm

印张/6　**字数**/123千字

版本/2023年2月第1版　2023年2月第1次印刷

印刷/北京中科印刷有限公司

书号/ISBN 978-7-5162-3036-7

定价/58.00元

出版声明/版权所有，侵权必究。

（如有缺页或倒装，本社负责退换）

不，不要说什么在劫难逃。

——汤姆·维莱恩

致 谢

感谢塞锡巴斯琴·布德根和他在维索（Verso）的同事，感谢他们对我工作的不断支持。感谢哈尔·福斯特、罗恩·克拉克、费德里科·坎帕尼亚、安德烈亚斯·马尔姆、贝尔纳·斯蒂格勒（已故）、迈克尔·哈特、伊夫·西顿、艾蒂安·乔莱、莎拉·库克、乔纳森·里基、科西玛·丹诺里泽、安娜·罗瓦蒂、乌塔·巴尔特、卡纳达·乔特、蒂姆·梅利、鲁思·帕蒂尔、塔利·凯伦、格雷格·索尼尔和Deerhoof乐队、乔恩·沃森克罗夫特、费格斯·达利、凯瑟琳·沃、布鲁克·霍洛韦、艾米林·罗森－巴特菲尔德、马克·戈特利布、迈克尔·伊特、艾莉森·奥加西安、王雪莉、艾米·鲍威尔、伊莱·凯利、马特·肯尼迪、辛希亚·威廉斯、伊莎贝尔·卡兰德、约翰·莱格尔、吉列尔莫·加西亚，以及亚美达律师事务所，非常感谢你们的各种支持和投入。最后，特别感谢我的家人，谢谢你们的帮助和鼓励。

推荐序

超越数字时代，走向更好的世界

胡 泳

北京大学新闻与传播学院教授

乔纳森·克拉里（Jonathan Crary）2013年的著作《24/7：晚期资本主义与睡眠的终结》，探讨了21世纪资本主义扩张的不间断进程带来的一些破坏性后果，特别研究了无眠时代的到来如何改变了我们对时间的感觉和体验，并模糊了反复强化、无处不在的消费主义与新兴的控制和监视策略之间的区别。现在，市场在时钟的每一个小时都在运作，把人们推向无休无止的活动，侵蚀着社区和政治表达的形式，破坏了日常生活的结构。

工作时间与非工作时间之间的界限模糊不清，正在破坏工作日的概念。一些受影响最大的工人已经认识到，在任何地方、任何时间上网工作的能力，初看起来是一种新发现的自由，但最终却成为一种时间奴役的机制。

克拉里描述了对个人注意力的持续管理，以及当代技术文化的强制程序对感知的损害。同时，他有力地论证了，人类的睡眠与24/7连续运作的资本主义本质上是不相容的，希望我们能够找到一种拒绝破坏世界的增长和积累模式。

在我们还在继续理解“24/7资本主义”的影响和后果的关键时刻，克拉里在2022年为我们带来新著《焦土故事：全球资本主义最后的旅程》。这部著作拆穿了社交媒体可以成为激进变革工具的假设，并认为跨国公司的网络和平台在本质上与可居住的地球或建立平等的后资本主义生活形式所需的人类相互依赖不相容。

本书对由西方而盛行全球的技术消费文化和互联网创造的无数数字景观提出了尖锐的批评。结合两本书来看，克拉里认为一个可持续和可生存的未来，必须拒绝跨国资本主义的全面控制，和人类对在线模拟的日益沉迷。在集体干预的紧迫性方面，他的想法具有挑衅性，而对目前全球处于灾难边缘的描述方面，则令人震惊地准确。

今天，很少有人会说，目前资本主义的全球化轨迹可以持续下去，而不会对文明和支持生命的脆弱的生物圈造成灾难性的和不可逆转的破坏。然而，像克拉里这样的人——直言不讳地把一个永远在线、昼夜运转不停的星球比喻为“焦土”，提出激进的、令人震惊的、毫不妥协的主张，呼吁某种形式的“生态社会主义或无增长的后资本主义”——堪称凤毛麟角。

《焦土故事》松散地组织在三个无标题的章节中，第一部分首先调查了“互联网复合体”（the internet complex）的景观。“互联网复合体”是克拉里在本书中使用的一个新名词，用来描述大量的数字平台、协议和物理基础设施，这些平台、协议和基础设施已经“与24/7资本主义的巨大的、不可估量的范围密不可分”。在这一部分，克拉里试图解构“互联网复合体”的意识形态运作，以表明它如何渗透到社会现实的几乎每一个角落，令个人在政治上无能为力，并被剥夺了对生活时间的感觉。

为做到这一点，他首先提供了一个关于互联网的简要历史说明。从其作为军队和后来的制度化研究组织所采用的工具开始，克拉里指出，20世纪90年代中期互联网的大规模商用是“资本主义的重新配置”所驱动的现象。对他来说，这种修正的资本主义模式的特点是广泛实施“非正式、灵活和分散的劳动形式”。然后，克拉里将互联网的商业化与新自由主义政治的出现以及社会机构的日益经济化联系起来。由此，我们今天所知道的互联网及其无数的产品和金融服务，并非出于解放个人以走向更大形式的自治或为集体能动性创造条件的愿望，而只是为了将个人改造成利用自身人力资本的企业家。

互联网作为一个平等和民主的数字平台的流行概念被

克拉里否定了，他反而认为这一无所不在的网络是“全面瓦解社会的全球性机器”。为支持自己的观点，克拉里做了很多理论上的标示。从马克思、德波、阿伦特、德勒兹和伽塔利等人那里吸取观点，克拉里重新考虑了社交媒体平台的传播，他指出这些平台业已成为“成瘾、孤独、虚假的希望、残忍、精神错乱、负债、浪费生命、记忆销蚀和社会解体”的新引擎。问题产生的一部分原因是我们完全接受互联网进入社会存在的最深处，在这些深深的裂隙中，互联网无休止地宣布它的不可或缺性，以及任何不为它的协议所吸收的生命的渺小。

根据贝尔纳·斯蒂格勒（Bernard Stiegler）的观点，互联网及其支持平台是推动“行为的大规模生产”（mass production of behavior）的工具，集中体现了一种美国式的技术消费模式，世界上其他地方对这种消费模式几乎无法抵抗。克拉里接着指出，互联网促使个人变成了数字消费者，就连消除“数字鸿沟”的举措，实际上也不过是为了扩大热衷于购物、玩游戏、疯狂追剧，以及其他挥霍和上瘾活动的消费人群。

路德维希·宾斯万格（Ludwig Binswanger）在20世纪50年代曾这样描述：“拥有独立自主的自我人格被抛弃了，主体就这样把自己交给那些关乎人类生存的力量，但这些力量与自己却格格不入。”今天，我们大可以这样说：主体把自己交给了算法。

第二部分介绍了技术资本主义的一个引人注目的特征。在这里，克拉里描绘了我们与数字技术之间不断变化的、经常处于从属地位的关系。对他来说，技术官僚资本主义的决定性特征是一个“人类能动性和创造力被删除”的世界。与第一部分一样，克拉里在此处涵盖了大量的理论，以表明科学和技术创新如何被资本主义的利益所驱动，而不是服务于人类的目的性或需要。人工智能、5G网络和IOT（物联网）被用作案例研究，体现了当代社会如何被转变为一个巨大的数字工作场所，它将速度、“连接性”和浅层数据流的原则置于社会群体或个人之间的任何“深层”或有意义的互动之上。然而，随着资本主义生产、消费和交换的节奏越来越快，这样的态势不可能永远持续下去。对克拉里来说，当“人类的生产力不仅仅是被技术所增强，而是被技术所取代”时，资本的极限就出现了。虽然技术的进步带来了新的劳动和商品生产的规律，但必须认识到，无论技术的能力如何，人类将永远保持相对于资本体系的内在价值。

不过，确切地说，资本的复兴特性将如何瓦解并迎来一个“后资本主义”“超越现代性”的交换系统，克拉里基本上避而未谈，转去描述“现在主义”（presentism）作为互联网复合体的一个基本特征的意义。他认为“现在主义”包括所有旨在废除时间或企图在“实时”中运作的技术创新，这些创新赋予“现在”特权，并促进了即时性和当下可用性的幻觉。像保罗·维利里奥（Paul Virilio）和齐格蒙特·鲍曼（Zygmunt Bauman）等学者也同样评论了“时间的冻结”是现代性的一个决定性特征。在克拉里看来，我们对即时消费的期望越来越高，巩固了当代经济运作“不受空间、物质或时间限制”的概念。如此发展的后果是，人们所能接受的未来，只会是对当前体系的强化和延续，一切无法预见和不确定的情况都要减少和避免。

最后，虽然最短，但《焦土故事》的第三部分可以说是最吸引人的。克拉里将笔锋从对互联网复合体的批判转向探索视网膜扫描的兴起和面部识别技术的普及，他认为这是“监控资本主义”的一个附属品。法兰克福学派的社会理论，特别是赫伯特·马尔库塞（Herbert Marcuse）对资本主义的分析以及居伊·德波（Guy Debord）的“景观”概念，对克拉里的思考至关重要，尽管这两个理论在他的批判中都显得不够成熟。克拉里研究了我们对数字景观的沉浸是如何侵蚀将社区联系起来的黏合剂的。他认为技术官僚价值观的目的是将欲望、需求和愿望的力比多冲动与文化产品融合在一起，强加给人们一套顺从的行为。他具体解释了数字技术的“游戏性”和“创造性的可能”如何开启了新的统治和服从的技术。

在克拉里看来，计算机化语音和人工智能面部识别技术的发展，正在削弱我们与他人联系和共鸣的能力。正如他所说，“我们逐渐失去在时光沉淀的尺度上去凝结一张面孔、聆听一个声音的能力，我们逐渐失去了在一生的经历中把握那些迹象和声响的能力”，“随着我们以一张脸、一个声音或两者兼而有之的形式增加与机器的互动，空洞的情感和表达便充斥到大量的场合当中”。

在克拉里的笔下，脸部视觉-语音听觉的历史被作为一种营销工具加以研究，并用来揭露人类“去身体化”的地位，直至眼下我们越来越被机器训练得像机器一样。克拉里随后借鉴了马丁·布伯（Martin Buber）的思想，布伯认为脸是非常重要的，构成人类相遇的一个决定性因素。脸部表情是当事人决定是否交谈（或避免交谈）的一个关键，而生活的核心就在于引发对话或提出对话可能性的会面。这即是布伯所说的“身处鲜活世界”的生命。

随着新的数字通信平台（Zoom、Twitter、Facebook等）的兴起，很难否认克拉里的说法，即我们正在看到“情感的逐步机械化”，这种情况正在侵蚀身体相见的真实性和不可预测性。随着越来越多的平台采用语音技术，人类的语音被处理成行为信息，而机器人的声音被用来模拟与用户的情感互动，同时不断升级，听起来更讨人喜欢和值得信赖。然而，无论如何升级，模拟声音也是毫无生机的，只是我们越发失去了辨别模拟声音与真人发声的敏感性。

而在网络文化广泛传播之前，阿甘本（Giorgio Agamben）便撰文指出，破坏和掏空语言的社会效能的一种方式，就是贬低面部的价值。而现在，借助数字技术的力量，将人们的目光、声音和面部从社会空间和人际交往中剥离出来，已经不存在任何限制。所有这一切都成了监控和分析的对象，虽然目的和用途各异，但重要的目标是将人类更加平顺地纳入机器系统和机器操作之中。

这一部分还探讨了“视觉无知”(visual illiteracy）的概念。克拉里宣称，我们24小时不间断地消费来自电视屏幕、智能手机和大众媒体的数字图像，再加上日益城市化的生活方式，使人类失去了感知大自然创造的微妙色彩的能力。我们几乎变成了色盲。在视觉上成为文盲的结果，是对我们身处的自然环境的集体漠不关心和冷漠。也因此，克拉里认为，我们与自然色彩来源的分离推动我们消费更多的人造色彩，此种产业的兴旺正在对全世界的生态系统造成不可逆转的破坏。正如他提醒我们的那样，今天生产的大部分合成颜色来自塑料和其他有害物质，这些物质继续大量地污染环境。

总体而言，《焦土故事》为围绕互联网和数字技术的有益性而产生的越来越多的不满增添了一种亟亟的批评声音，这些不满情绪正日益深入我们的日常生活。然而，通往与地球上脆弱的生态系统相协调的新的可持续生存模式的道路，不会是一条容易走的路。正如作者所说，“我们可能会抽象地对资本主义使数以百万计的生命和物种变得可有可无或对我们赖以生存的生态系统遭到破坏表示遗憾，但我们仍然坚持那些去身体化的常规，并且抱有一种幻觉，认为互联网复合体在某种程度上并非这场灾难的罪魁祸首”。果真如此，那么问题来了，什么能让我们从这些根深蒂固的习惯中动摇，并促使我们不仅承担个人责任，而且采取集体行动，以避免生活的世界成为永久的焦土?

克拉里没有为上述问题提供任何规定性的解决方案，这削弱了他对“无增长资本主义”的呼吁。在这本精炼的小书里，尽管新见迭出，不无启发，但作者没有指出技术官僚文化的参与者应该如何“从根本上拒绝”这类社会控制机制，来重新获得真实的自我意识。

由于涉及如此广泛的主题和思想，阅读时感觉克拉里的分析和观点有时进展太快，难以形成充分论证。此外，章节标题、引言或总结性论点的遗漏，也使确定本书的中心理论主题成为问题。尽管如此，《焦土故事》仍然是一部引人入胜的著作，为我们的技术官僚数字文化中的生活、工作和消费，带来了新鲜和富有想象力的视角。

目 录

I

没错，当下正是黑夜，而另一个世界正在崛起。残酷、愤世、无知、健忘，毫无理由地混沌在一起……瓦解、扁平的世界里，透视点和消失点仿佛已经不再发挥作用……而诡异的是，那后一个世界里的行尸走肉，竟来自我们现在这个世界……

——菲利普·索莱尔（Philippe Sollers），
引自让-吕克·戈达尔《电影史》

焦土
故事

全球资本主义
最后的旅程

我们居住的这个星球，如果还会有一个适合人类共同生活的未来，那么它应该是一个“线下”（offline）的未来。这个未来必须摆脱那些正在荼毒世界的各种系统，以及7乘24小时全天候运作的资本主义。我们今天所生活的这个世界里能够存续的东西有很多，但网络必将成为一片废墟的破碎的角落。在这片废墟之上，则可能会出现新型的社区和人际关系。如果我们是幸运的，当前这个数字时代会是短命的，并会被一种多元物质文化取代。这种文化融合了新旧两种生活方式，以及人们彼此依赖、相互合作的观念。当前，随着环境和社会状况的日益恶化，人们逐渐意识到，互联网复合体（the internet complex）给我们日常生活的方方面面都蒙上了一层阴影，它的毒害已经达到了势不可当的地步。越来越多的人认识到了这一点，也感受到了这一点，同时在默默地承受着它破坏性的后果。全世界的人都在使用数码产品、享受数字服务，而真正掌控它们的则是那些跨国公司、情报机构、犯罪集团和反社会的亿万富翁。对于大众而言，互联网复合体像一个无情的引擎，不断地造成上瘾、孤独、妄想、残忍、精神错乱、负债累累、挥霍浪费、记忆衰退和社会解体等一系列问题。它那些被吹捧出来的优势，在这些个人问题和社会危害面前，显得不值一提。

全天候运作的资本主义具有无法估量的庞大规模。它在全球范围内疯狂地进行着积累、开采、流通、生产、运输、建设活动，而互联网复合体已经与这一切融为一体，密不可分。每一个网络功能，似乎都在怂恿大家不去珍惜公正的、适合人类居住的世界。速度惊人、无孔不入的数字网络和人为激发的欲望，驱使人们肆无忌惮地去争夺、掌控、觊觎、嫉妒、憎恨。所有这些，进一步加剧了世界的恶化——一个不停运转的世界，一个完全无法补救和恢复的世界，一个因其自身释放的热量和制造的垃圾而窒息的世界。

那些技术现代主义者的（the techno-modernist）梦想，是将地球变为发明、创新物质文明的巨大工场。这一梦想依然吸引着许多人。但其实，很多的“可再生”能源项目和行业，其设计目的是开展商业经营，从而带来了负面的社会效应，比如维持破坏性的消费模式、竞争模式，进而加剧了社会不公。一些以市场为导向的计划，如“绿色新政”（the Green New Deal），不仅荒谬，而且毫无意义，根本无助于阻止那些盲目的经济活动的扩张，也无法减少不必要的电力消耗，更无法限制全天候资本主义导致的全球资源开采。

本书采用社会时评小册子的风格，主要谈一谈大家共同经历以及都知道的事，或者一些大家没有完全弄明白的事。这些事实总是被一些信息压制、否定，而想达到的目的无非是告诉我们在生活中要俯首帖耳、安于现状。在日常生活中，许多人对自己生活的窘迫和无望都有一种扎心的感受，但总是不太情愿与他人分享自己的内心想法。所以，我写此书的目的，不是提出一套严谨入微的分析理论，而是在刻不容缓的当下，分享一些我们共同的经历和看法，并强调下面这个观点，即对于当前存在的问题，我们必须采取断然拒斥的态度，绝不能去适应和顺从。我们能够做到，也必须做到。互联网复合体不断地告诉人们：它是不可或缺的，如果不加入它的协议，任何生活都将失去意义；它是无所不在的，已经渗透到个人和机构活动的方方面面，从而让人们相信，它不可能会被终结，也不可能在后资本主义时代被边缘化。但这种印象标志着想象力的集体失败，因为它被动地接受了麻木的线上生活，并将这视为生活本身。但除非人类的欲望以及我们与其他民族和物种的联系遭到破坏，并且不再发挥作用，否则这种生活是无法想象的。

哲学家阿兰·巴迪欧（Alain Badiou）指出，正是在这种明显不可能的情况下，出现了叛乱的条件："解放政治的真谛在于，使那些看起来根本不可能的事物变得可能。"[1]宣扬这种"不可能"的声音最响的人，是那些从维持现状中受益的人，是那些因资本主义世界不间断地运转而发展起来的人。他们是在互联网复合体的崛起和扩张中掌握了专业技能、掌控了资本，并沾沾自喜的人。他们以一种难以置信的口吻问道：这个金融和经济生活的方方面面都要依赖的东西，我们离开它可怎么活呢？翻译一下就是：互联网复合体已经成了技术消费主义文化（the techno-consumerist culture）和经济的核心要素之一（哪怕它已经把地球上的生命推到了崩溃的边缘），离开它我们怎么可能活下去呢？他们会说，生活在一个不被互联网主导的世界里意味着一切都会改变。是的，这句话说得一点儿没错。

要确保人类在这个星球上生存下去，其道路之艰辛，远比大家以为的或公开承认的要痛苦得多。在未来几年里，为追求社会公平而斗争的一个关键，就是要实现社会关系和人际关系的重构，改写市场和金钱在我们生活中的支配地位。这意味着，我们要拒绝数字化所导致的自我封闭，把时间用在真正的生活上，重新挖掘集体需求，抵制不断升级的野蛮行为，包括来自网络的暴力和敌意。另外，同样重要的是，我们要看到，除了人类以外，这个世界上还有其他的物种和生命形态。我们要用谦卑的态度与它们重新建立联系。实现这些目标可以有无数种方式——尽管很少被人提及，但全球各地有许多团队和社群正在为推进这样的恢复性重建而努力。

遗憾的是，尽管有些人意识到转变迫在眉睫，但他们的想法是我们应该向某种形式的生态社会主义（eco-socialism）或“零增长”的后资本主义（no-growth post-capitalism）过渡。这些人武断地认为，互联网以及它现在提供的应用程序和服务，在未来依然会继续存在并照常运作。在他们看来，这与追求一个宜居的世界，以及实现更公平的社会安排并不矛盾。这种观点背后有一种过时的错误观念，认为互联网可以简单地“转场”（change hands）。这些人认为互联网和20世纪中叶的电信业是一回事，就像西联电报公司（Western Union）或广播和电视台那样，互联网也会随着政治和经济形式的转变而变换用途。这些人认为互联网可以摆脱全球资本主义的灾难性运转而独善其身——这是当下最令人错愕的妄想之一。这是因为互联网和资本主义在结构上已紧密交织在一起，一旦资本主义瓦解，当前这个由网络技术所塑造、由市场所驱动的世界也将会终结。当然，每种社会形态都有自己的通信方式，后资本主义的（post-capitalist）世界也会有它的通信方式。但那时的通信方式与今天这个已经被完全金融化和军事化的网络，几乎完全不一样。我们现在使用的许多数字设备和服务，其背后隐藏的是少数人无休止的财富积累，是不断加剧的经济不平等，以及因资源被掠夺和能源被肆意消耗而对地球生物圈造成的加速破坏。

一直以来，资本主义有一套抽象的价值体系，同时又对这个抽象的价值体系进行物质和人性方面的具体化，资本主义就是二者的结合体。但是，随着当代数字网络的出现，这两者实现了更加完美的融合。所有相互连接的电话、笔记本电脑、电缆、超级计算机、调制解调器、服务器群和手机信号发射塔，都是金融化资本主义进行量化处理实实在在的结果。人们再也无法清晰地区分固定资本和流动资本。即便如此，许多人仍然认为，互联网就像一整套工具那样，是一个独立的技术组合。特别是手持设备的流行，让更多人有了这种错觉。[2]在20世纪70年代早期，社会批评家伊万·伊利奇（Ivan Illich）从广义上对“工具”下了定义，包括“合理设计的工件、生产机构和具有工程功能的物品”。他写道，工具在本质上是社会性的。他对工具的评价基于一个根本性的对立：“一个人与社会建立联系的方式有两种，要么主动掌控工具，要么被动地被工具所掌控。”[3]伊利奇认为，人们通过使用“受他人控制程度最低”的工具来获得快乐和满足感。他还提醒，“工具的增强超过一定程度，会加剧管制、依赖、剥削和无能”。20世纪90年代末，在伊利奇去世前几年，他指出，技术原本是一种工具，可以让人实现自己的目的，人们通过它可以赋予这个世界以意义，但这样的时代结束了。他看到，社会上传播的技术，已经将人整合到技术规则和技术操作之中。人类的有些行为在以前至少可以实现部分自主，现在却变成了“系统适应”。[4]这种状况前所未有。置身这样的现实之中，人类所追求的任何目标、所要达到的任何目的，都已经背离了初衷。

尽管互联网复合体展现了其在历史上的独特性，但它也只是对已有社会运作方式的放大和强化。这些社会运作方式要么已经存在多年，要么它们的一部分已经在现实中存在。互联网复合体并不是铁板一块的整体，而是各类元素的整合。这些源自不同时代、具有各类用途的元素，其中一些的出现甚至可以追溯到19世纪80年代，如爱迪生（Edison）和西屋电气（Westinghouse）设计并用于电流收费的技术配置，后来这一技术被J.P.摩根获得。实现世界的完全互联——这是一个疯狂的、极具鼓动性的计划，我们正在见证它的最后一搏；这也是一个不计后果的想法，让一个拥有80亿人口的星球24小时不间断地消耗电力，却以为这么做不会导致灾难性的后果——如今已经随处可见。

互联网几乎实现了即时的互通互联，凭此，马克思在19世纪50年代预测的全球市场（Weltmarkt）成为现实。马克思看到了全球资本主义统一的必然性，而流通和交换速度上的限制将通过“时间消灭空间”的方式逐渐消逝。[5]马克思还认识到，全球市场的发展必然会导致“社区的解体”，也会导致独立于“资本普遍化趋势”之外的任何社会关系的解体。因此，即便数字媒体现在更具主导地位，与其相关的社会孤立现象仍然存在，这和整个20世纪由于体制和经济力量所造成的社会分裂如出一辙。媒体的物理表现形式可能会发生变化，但其导致的社会分裂、权力剥夺和社区破坏等社会经历不仅会持续存在，而且会进一步加剧。互联网复合体迅速成为严格意义上的新自由主义（neoliberal）理念的一个组成部分，而它的主要表现就是不断侵蚀公民社会，并且用模拟的货币化的在线社会关系取代真正的社会关系。它催生了一种信念，认为我们不必再相互依赖，我们对生活拥有了自主的管理权，我们可以像管理网络账户一样管理我们的朋友。它还加剧了社会理论家埃琳娜·普尔奇尼（Elena Pulcini）所说的“自恋型社会冷漠”，它表现为个人不再向往社区，并且被动地服从现有的社会秩序。[6]

20世纪90年代后期以来，我们不断听到这样的说法：占主导地位的数字技术“长盛不衰”。有一种主流观点相信世界文明已经进入了“数字时代”，这让人们感觉到这是一个真正的“历史时代”。在这个时代中，物质的决定性似乎不容任何干预或改变。这导致了一个后果，那就是互联网成为司空见惯的事物，如今许多人都认为它会永远存在于地球上。在应对严重危机时，那些具有全球规模的体系采取了一系列混乱的策略，而信息技术与此有着不容开脱的关系。但信息技术却利用各种故弄玄虚的表象，完全掩盖了这种关系。世界经济已经摇摇欲坠，还受到全球变暖和基础设施崩溃等多重威胁，已脆弱得如同“纸牌屋”一样。而金融化的互联网在本质上却依赖于这样的世界经济，对此鲜有人提及。

最开始，所谓的互联网永久论和必然论，与各种“历史终结”论的甚嚣尘上不期而遇。全球化的自由市场资本主义宣告胜利，所向披靡，获得了长期的主导地位。尽管从地缘政治的角度来看，这种虚构论调在21世纪初即被迅速戳穿，但互联网又让人们感觉这种后历史想象得到了证实。互联网把自己伪装成一个统一的、默认的现实再现，完全脱离现实世界，摆脱了那些不断激化的社会冲突和环境灾难。无处不在的社交媒体及其提供的自我表达的机会，让人容易联想到这是对黑格尔关于个人自主性和自我认知的一种降格实现。但现在，作为21世纪资本主义的组成部分，互联网的主要作用是消除人们的记忆，占用人们用来生活的时光。它不是终结历史，而是让历史变得不真实，变得难以理解。记忆力的丧失，既发生在个体身上，也发生在集体身上：看看那些数字化“模拟”产品短暂的使用寿命，我们便能够深有体会。它们的命运不是被人保存下来，而是被遗忘和丢弃，没有人再去注意。同样，对于我们自己来说，那些用来展现我们自己的设备，很快就会变成无用的数字垃圾——这恰恰反映了我们自身的短暂性。经久耐用的东西能够产生共同的信念，但那些想要“长盛不衰”的事物想要站住脚，这些东西就需要变得转瞬即逝，需要消失，需要被人遗忘。在20世纪80年代后期，居伊·德波（Guy Debord）观察到这些短暂事物的普遍存在：“社会意义附着的对象变成了即时的事物和紧随其后出现的另一种即时的事物，一个即时的事物总是取代另一个类似的、即时的事物。我们便可以从中看出，媒体的作用不过是制造一种嘈杂的、缺乏意义的永恒。”[7]

互联网被军事和研究机构把控、使用了几十年后，在20世纪90年代中期转变为大众可以使用的网络服务，个中缘由并非系统工程的进步这么简单。在这个转变过程中，资本流动进行大规模重组，个人也被重塑为“人力资本的企业家”。许多评论家都注意到这种非正式、灵活、分散的劳动形式的泛滥趋势，但在20世纪80年代早期，鲜有人能够在更深层次上看到这种现象带来的利害关系。例如，法国经济学家让-保罗·德·高德马尔（Jean-Paul de Gaudemar）发现了资本主义进行的一次根本性重构，这次重构所涉及的远不止劳动力重组和生产的全球扩散。“以前的制度试图将资本从社会空间中分离出去，但我们当前生活的时代，资本显然必须夺回整个社会空间。资本现在必须重新整合这个社会体，还要用前所未有的力度支配它。”[8]在1980年，任何人都不可能预见到资本会以何种具体方式夺回社会空间，也不可能预见到几十年后，这种征服将继续无情地吞噬人们各个层面的生活。无数个曾经拥有独特的自主性和内部构架的社会领域，现在要么已经消失，要么被标准化，变成了在线模拟的事物。如今，互联网复合体已然成为瓦解社会的一个综合的、全球性的工具。

从20世纪90年代中期开始，互联网复合体被宣传为具有民主性、去中心化、反等级制度的本质。互联网被吹捧成一种前所未有、不受自上而下控制、自由的思想交流方式，必将拉平各个媒体使用的门槛。但事实并非如此。早在20世纪70年代有线电视广泛普及的时候，人们曾对其抱有种种期望，不过最后都落空了。与此类似，人们对互联网也一度怀有天真的热情。现在有一种说法认为，互联网原本只是一项追求人人平等的技术，但因为巨头公司垄断、网络中立性被废除、隐私被侵犯等事件的发生，它没有发展成人们原本所设想的那样。这种解释显然是错误的。“数字公地”过去没有，将来也不会有。从最开始，全球公众只要接入互联网，就意味着自己的时间被掌控、权力被剥夺，也根本谈不上个性化的连接。互联网之所以在最初时刻看起来“更自由”或更开放，原因只有一个，那就是互联网金融化及其掠夺工程需要一个过程。经过一段时间，直到2000年后的几年，互联网的发展才进入加速上升期。对跨国公司来说，由于互联网的普及，工作和消费变成了全天候模式，不再受到时间和地点的限制。互联网实现了对上网人员的大规模交叉监视和诱导，同时也加剧了社会的私有化程度。媒体历史学家哈罗德·英尼斯（Harold Innis）把这一现象解释为企业对数字网络的控制，人们可以将其理解为一种为国家机构或占领导地位的企业集团进行服务的“知识的垄断”。[9]虽然互联网看起来是在提供一个面向大众的、民主的信息获取渠道，但英尼斯认为，纵观历史，传播系统更大的目标一直是将地方社区和区域社区融入一个更大的区域之内，然后在这个区域内维持知识垄断，从而确保传播系统的控制者在文化和经济上的主导地位。他指出，被征服的群体很少能够有效地利用通信媒体实现自己的政治目的。

到20世纪90年代中期，由于工作不稳定、经济不平等加剧、公共服务失灵、债务的结构性增长等原因，社会需要新的方式来维持政治上的服从。无限的数字化娱乐有效地遏制了反体制大众运动的兴起。一些人对互联网持乐观态度，其背后的原因是期望它能够成为非主流政治运动不可或缺的组织工具，帮助那些规模较小、处于边缘地位的异见团体扩大影响力。然而事实证明，互联网反而可以用来阻止和消灭那些顽固的反体制运动。只要它们的组织和行动刚有苗头，就会遭到打击。诚然，互联网可以有效地将信息传递给大量受众。但这不能说明什么，因为20世纪60年代和70年代初就已经出现了广泛的激进运动和大规模的群众动员，而当时并没有人特别强调组织动员所使用的物理手段。

在阶级对抗一如既往尖锐的历史时刻，将互联网描述为平等的、无阶级差别的“公共领域”的说辞，实则淹没了所有阶级性的语言，也不再鼓励阶级斗争。事实上，在推进反资本主义或反战争进程方面，互联网复合体从未立下功劳——一丁点儿都没有。相反，互联网把被剥夺权力的人分散到一个由不同身份、派别和利益群体所组成的自由空间里，这样反而促进了极端反对集团的形成。互联网所具有的狭隘性成为特殊主义、种族主义和新法西斯主义的孵化器。南希·弗雷泽（Nancy Fraser）等人认为，身份政治对“进步的”新自由主义精英（“progressive” neoliberal elites）至关重要：确保具有强大潜在力量的大多数人不能自我认知，将他们分割成单独的、相互掣肘的派别，从中选出少数代表，允许他们进入精英圈并高调宣扬自己的群体。[10]互联网将强调多样性和鼓励区隔化（compartmentalization）的策略提高到了一个新水平。与此同时，社交媒体只能传播最容易包装的想法，这样就稀释和软化了一些行动的激进性和反叛性，特别是那些效果不能立竿见影的或需要长期参与的行动。传播理论家已经指出了媒体如何运作，及其成为舆论“操纵机制”的方式——它们可以制造、限制、引导大众舆论。在大众传媒的历史上，互联网已经成为这种操纵机制中最微妙和最强大的一个。未来人们的“交流”很难不被各种机制所摆布，而这些日趋有效的机制，目的就是要引导线上交流，以及干预交流的内容。

在经历了各种形式的蓄意破坏、扰乱和监视之后，许多活动团体已经注意到社交媒体所设下的陷阱，同时也发现，在真实世界的社区里，参与者之间的信任和同志情谊正在逐渐衰退。譬如，2012年特雷翁·马丁（Trayvon Martin）被谋杀后，佛罗里达州成立了名为“梦想捍卫者”（Dream Defenders）的组织。后来该组织停用了社交媒体，甚至明确表示反对社交媒体的使用，这是因为社交媒体对该组织及其目标带来了意想不到的危害，用他们的一位组织者的话来说：

> 社交媒体上发生的争吵充分表明，人们其实并不了解彼此。社交媒体让人产生一种错觉，误以为大家关系很近。但只要人们还没有真正了解彼此，我们的工作就不会有太多进展。从某种意义上讲，社交媒体就像是一场“反情报计划”（编者注：COINTELPRO，是1956年至1971年间美国联邦调查局一系列违宪的秘密政治迫害计划，其目的是监视、渗透、中伤及扰乱国内的政治团体），你看到人们在网上互相叫嚷，你也能看到人们之间开始出现的裂痕。这就是社交媒体正在对我们做的事情。在当下，远离这一切真的非常重要。我们正处在一个非常关键的时刻，所有这些都可能扼杀这场运动……脱离社交媒体，我们才有机会真正了解它是如何影响我们的，了解那些压迫者是如何利用它来操控我们的。[11]

一些欧洲左翼和中左翼政党通过互联网诱导民众参与议政，以此为基础建立起来的选举政治必将使那些仅仅以参与为目的的人对政治失去兴趣。政客们在网上动动手、敲敲键盘就能左右“政治”的动向，就像通过调查问卷和民调来强化人们要融入消费主义、进行自主管理的观念，这两者的手法都是一样的。其结果就是前进一步，后退三步。除非创造新的合作和公共生活形式的艰巨任务成为政治的优先事项，否则各种各样的网络“行动主义”将继续无关痛痒地发生，不会带来任何彻底或根本性改变。示威、抗议和游行不断发生，但与此同时，人们重新沉浸到碎片化的数字化生活之中。那些看似在行动中建立起来的纽带消失了。即使在现实的游行、占领运动、解放区运动以及各种各样的动员运动中，群体的团结也被削弱了，因为有太多不在场的人选择依赖自己的移动设备，依赖社交媒体上可以实现自我宣传的网络资源。

在美国，目前对实现社会主义持开放态度的人呈小幅上升趋势，但也仅仅是在候选人的辩论中，抑或在针对某个单项经济举措的辩论中被拿出来探讨一下。我们缺乏一种认识，那就是，向社会主义迈进不能仅仅在政府管理和经济政策层面上实施，还需要在意识和日常活动方面做出改变。19世纪末20世纪初，许多无政府社会主义者探索新的生活方式和与他人联系的方式，以期建立一个更广泛的社会世界，实现人与人之间的相互扶持。

在那些年里，特别是在欧洲，社区团体和工人组织繁荣发展，为非私有化的生存模式和资源共享提供了基础。德国革命家古斯塔夫·兰道尔（Gustav Landauer）曾说，“社会主义是人类共同体不断形成的结果”[12]，只有行动才能实现其内在的目的。他还写道，资本主义国家“是一种条件，人类之间的一种关系，一种行为模式。我们要破坏它，就需要建立不同的关系，采取不同的行为模式”[13]。兰道尔认为，有必要为成为新型社会的主体而艰难地进行转变，向更加注重对他人的责任感而转变，而不是一味追求个人自主的幻想。这种转变永远不会发生在网络上：互联网制造的是自私自利的主观意识，只顾及那些自私的个人目标和结果。然而，对于致力于社会变革的少数人来说，首先考虑的是解决人们对网络依赖的问题，很少直接考虑对生活方式进行彻底转变。只要一个人害怕共享，害怕与他人合作，不愿意接受这样的生活方式，他就不会有反抗的能力，就会依附于现有的制度。有一个事实是无可辩驳的：社交媒体上不存在富有革命精神的主体。

当权者设定社会运行模式，使民众接受强加给他们的条件和规则。想在这种社会运行模式下寻求系统性变革，不仅愚蠢，也注定失败。任何被后现代主义的陈腐政治宣传所灌输的人都相信另外一套逻辑。他们相信，一个人永远不可能在“权力网”之外占有一席之地，这种分散的权力无处不在，无法与之对抗。许多批评家和学者以此观点为依据来诋毁各种反抗和斗争，认为这些老掉牙、不流行的做法不可能成功。而在今天，互联网复合体作为一种强大的工具，可以帮助个人成名，因此它给人一种错觉，认为互联网复合体完全可以为我所用。其实它是一种新型的“权力网”。人们使用这些不断变化的社交媒体平台，佯装反对或抵抗。

2004 年，回嘴社（the Retort Collective）出版《受挫的势力：战争新时代里的资本与景象》（*Afflicted Powers: Capital and Spectacle in a New Age of War*）一书。书中的一些分析至今仍有强烈的现实意义。尤其值得关注的是，这本书对大众媒体在“9·11”事件后如何制造冷漠、促使民众服从进行了分析。对于回嘴社的作者们来说，全球化最显著的特征是全球军事化。他们阐述了“永久战争”战略是如何寻求正常化的，以及媒体如何通过提高战争的曝光率、通过渲染战争无处不在，最终让人们对这些战争习以为常、视而不见。为了说服国内民众，媒体必须把一次又一次无休止的军事干预，说成是“国家对外政治生活的一个固有部分”[14]。最后大众对那些遥远地方的平民伤亡熟视无睹、漠不关心。简而言之，战争促进了对资源的掠夺，保障了市场，创造了可以用来剥削的廉价劳动力。回嘴社的作者们揭露了军事干预双管齐下的策略：在外围，通过军事干预制造失败国家和地区不稳定；在内部，利用一些不那么暴力的方法制造冷漠的民众和顺从的消费者。

毫无疑问，他们可能已经注意到，自2008年国际金融危机以来，国家恐怖主义和经济掠夺已经开始在国内盛行，用以对付国内的社区和民众。此外，后“9·11”时期的其他一些特征现在又暴露出来了，尽管在当时还不太明显。永久战争状态的加强恰逢Web 2.0的问世和大规模投入使用。出人意料的是，Web 2.0支持用户生成内容，支持所谓的参与性互联网文化。对于那些沉溺于网络的数百万网民来说，这种网络配置加速了战争正常化趋势，也进一步加重了人们对战争的漠视。而同样严重的是，美国建造的可以长期使用的军事基础设施已遍布全球，但大众普遍对此漠不关心。除了少数积极分子外，人们甚至都不愿承认这个“世界上最大的开发商、土地所有者、设备承包商和能源消费者”[15]的这些勾当。大规模的反对帝国主义的斗争一定程度上限制了美国对外的干预行为。但在2003 年2月，全球爆发对美国入侵伊拉克的抗议时，刚刚崭露头角的互联网却使这些抗议活动边缘化。反战或反帝国主义运动需要团结一致和持续斗争，而大众媒体的发展却给事物带来短暂性，给人们带来注意力的缺失。所以，两者之间是不相容的。

当前世界对美国军事干预和掠夺南方世界［编者注：Global North and Global South，南北分歧是指发达国家（北方世界）与发展中国家（南方世界）在社会、经济和政治上的分歧］的漠不关心，必须与1994—2001年国际行动主义（international activism）截然不同的发展轨迹对照起来看。从第一次萨帕塔（Zapatista）起义到热那亚的反世贸组织示威，反全球化运动必须有一个信念，那就是要把击败新自由主义资本主义（neoliberal capitalism）作为最重要的目标，作为地方局部斗争的基础。1998年发表的《全球人民行动宣言》（*People's Global Action*），重点表达了这一点："我们必须瞄准头部。作为反抗的斗士，我们反对核能，反对无家可归，反对性别歧视。但这些都是整个怪兽的触手。这样下去是不会成功的，我们必须瞄准这个怪兽的头部。"[16] 国际货币基金组织和世界银行本计划于2001年9月下旬在华盛顿举行系列会议，但该计划因为"9·11"事件被取消了。这打乱了在西雅图、热那亚和其他一些地方的抗议活动，它们未能形成很好的进攻势头。20年后的今天，世界已经发生了深刻的变化，但全球反资本主义运动早期的进攻重点和清晰的战略仍没有付诸实施，依旧深陷于各种具体的不满情绪的泥沼之中。无政府主义活动家克里斯·迪克森（Chris Dixon）最近发表了一篇文章，回顾了1999年西雅图反资本主义示威活动。他详细描述了世贸组织会议前几个月的组织情况：数千人进入高中、教堂、劳工委员会、社区协会、工作场所和大学，组织亲民小组，以社区为基础开展斗争，并从中试验直接民主的新模式。也许他是无心之举，但这篇文章的确是对互联网和社交媒体策略的一次严厉批评，批评了基于这些策略的行动主义的浅显和各种不足。

2007年，让－鲍德里亚（Jean Baudrillard）在生命的最后时刻注意到，西方现代化在逻辑上要求全世界都要现代化，任何民族、任何地方都不应摆脱它提出的现代化要求。他写道，西方以现代化的普适性为名义，将其经济和文化模式输出到世界各地，但这个所谓的普适性毫无根据，没有真理的支撑，随之而来的是一个不再神圣、不再神秘、不再主观、完全被金融化的世界。这是对世界其他国家的一个挑战，“国家开始一个接一个地倒退，开始否认自己的价值观……在一个人或一种文化看来有价值的东西，都要被牺牲掉”[17]。但鲍德里亚在书中所指出的问题，其实早已出现。1955年，艾梅·塞泽尔（Aimé Césaire）在描述欧洲殖民活动时说：“他们跟我大谈进步、疾病的治愈、公路的修建、生活水平的提高。而我说的是社会的精髓被榨干、文化被践踏、制度被破坏、土地被没收、宗教被亵渎、伟大的艺术创作被摧毁，以及各种非凡的可能性被抹杀。”[18]

互联网的社会原子化复制了美国的一些固有特质，它不断将人的占有欲最大化，向用户承诺一种虚幻的独立性，让人进行单向的沟通，而不再与他人相互对话和交流，不再需要现实的空间。正如贝尔纳·斯蒂格勒（Bernard Stiegler）等人所认为的那样，互联网复合体集中展现了一种美国式的技术消费模式，欧洲和其他地方对这种消费模式几乎没有任何抵抗，最终导致的是对地区或民族文化的清算。[19]在斯蒂格勒看来，美国输出的创新之一是“行为的大规模生产”技术，以及意识的超同步化技术，这些技术导致“社会本身的分解”。“市场的霸权统治”，将计算充斥到生活的每一个领域，使人不可能爱自己，不可能爱他人，也不可能对未来产生任何欲望。[20]

跨越“数字鸿沟”的狂热，看起来没有什么功利性，但事实上都是企业利益集团统一发起的一场运动。它们要求各地都要依赖数字技术，比如在学校推行电脑辅助学习模式，甚至已经覆盖刚入学的小学生。这样一来，在社会上就形成了这样一种暗示：如果用不上宽带网络，就好像生活在贫困当中一样，上升的通道就切断了，职业发展的机会也没有了，文化充实的途径也丧失了。然而，对于那些最强大的操盘手来说，他们的主要目标是将每个人转变为其产品和服务的俘虏——一个个顺从的消费者。随着互联网的接入和广泛使用，经济不平等非但没有减弱，反而加剧了，这是不争的事实。所谓“技术素养”，实际是对购物、玩游戏、疯狂追剧，以及其他挥霍和上瘾活动的委婉讲法。那些挣得盆满钵满且玩世不恭的精英，如麻省理工学院媒体实验室的创始人尼古拉斯·尼葛洛庞帝（Nicholas Negroponte），毫无顾忌地宣称要把互联网接入作为一项“人权”。还有些政策议题，为了公司的利益，提倡“一个孩子一台笔记本电脑”，他们根本不管计算机辅助教育在小学有多少失败的地方。除此之外，高科技公司巨头在南方世界和其他地方营销他们的产品和服务，这样做所带来的严重后果远不止上述这些。西方的现代化进程总是以“暴力”消灭其他地方或区域的独特性为目标。在那些原本拥有着传统或凝聚力的国家或地区，互联网复合体成为一种新的技术殖民，涣散了长期存在的社会凝聚力。而现在，甚至互联网复合体的部分植入也带来了新的同质化，但这次是在意识层面。

世界因科技而快乐，人与人之间的距离因科技而拉近——这其实是主流媒体炮制出来的假象。在这种假象的掩盖之下，是日益加剧的全球两极分化和不平等。主流媒体告诉我们，拉布拉多的渔民如何使用GPS软件为他们的船只导航，澳大利亚的社区如何使用Facebook“讲述他们的故事”，津巴布韦的纺织艺术家如何在Etsy和eBay上销售他们的产品，MOOCs（大规模在线开放课程）如何给北非和中东带来启蒙和繁荣。这些故事背后隐含的意思是，互联网所具有的“教化”作用，使弱势群体能接触到技术，使他们变得“像我们一样”。这样的新闻报道让人感觉世界很美好，让我们相信四海一家，一切都在朝着正确的方向前进。这也暴露了一个根深蒂固的殖民主义前提，即那些边远贫困地区渴望同时也欢迎西方的技术，包括社交媒体，而且他们必然会从这些技术植入中受益。按照萨米尔·阿明（Samir Amin）的说法，这是欧洲中心论最坏的遗产，即资本主义提出了一种实现物质繁荣的模式，但其实从结构上这根本不可能实现，也从来没打算要实现。西方现代化的诱惑一旦被接受，随之而来的只会是不平等关系的延续和加剧。正如恩里克·杜塞尔（Enrique Dussel）等人所说，我们现在不仅处于资本主义的最后阶段，而且处于整个以欧洲为中心的世界体系的最后阶段。这个体系已经存在了近500年，它的基础是对非欧洲民族和自然世界的剥削和杀戮。互联网复合体作为一种新的全球管理方式，是维护以欧洲为中心的世界体系、阻挠去殖民化和去西方化的强力手段。它无处不在，已经成为所有经济和军事行动的重要组成部分，以克服地理的硬性障碍。一个后西方世界（post-Western planet）正在升起，不论是字面意思上，还是象征意义上，北美都处在这个世界之外。正如杜塞尔所坚持的那样，当前的世界体系已经对生命的延续造成了威胁，击败它是当前人类最艰巨的任务。[21]

资本主义世界不适宜生存，也无法持久，人们的工作和生活环境中充满了沮丧和绝望。给生活提供最低保障的一切东西，无论是工作、住房、社区，还是医疗保健，都被刻意算计，总是处于被丢弃、被裁减、被赎回、被拆除的边缘。这就是资本主义的社会病理变得最致命的地方。佛朗哥·贝拉尔迪（Franco Berardi）等人讨论了新自由主义及其技术手段如何在全球范围内制造精神不适，这些不适有了新的表现。在贝拉尔迪看来，我们生活在一个“毁灭性虚无主义”（annihilating nihilism）的时代，曾经长期存在的社会凝聚力被稀释，随之而来的是抑郁症、成瘾和自杀的泛滥。[22]人们的愤怒、无情的言论、受害者的控诉充斥着网络，而且已经漫溢到现实之中，和越来越频繁的大规模暴力事件交织在一起。尤其是在美国，仇恨、个人主义和对他人不负责任的潜在信条，催生了如今为人所熟知的各种怪物。在这里，除了我们平时需要的商品之外，有一种产品与众不同：枪。物质文化制造了无力感和失落感。而枪，在象征意义上，也在现实中，弥补了物质文化的这种空虚。枪不会磨损，也很少需要修理。对于很多人来讲，枪的这个特性与生活中充斥的劣质产品和支离破碎的社会关系，形成了鲜明的对比，在精神上给人以慰藉。最重要的是，枪支固有的杀伤力成为一个平等社会的最后保障，以及个人能动性消失后诞生的可怕幽灵。

在20世纪70年代，“疯狂”（madness）通常被理解为一种状态，映射的是资本主义的混乱。但同时，正如德勒兹（Deleuze）和伽塔利（Guattari）在《反俄狄浦斯》（*Anti-Oedipus*）一书中所说的，“疯狂”也是一种截断式（interruption）的谵妄症，一种至少具有某种激进潜力的逃脱式谵妄症。在20世纪70年代的小说中，我们可以看到类似情节。如玛吉·皮尔西（Marge Piercy）的书《时间边缘的女人》（*Woman on the Edge of Time*），多丽丝·莱辛（Doris Lessing）的书《简述地狱之行》（*Briefing for a Descent into Hell*）以及莱斯利·西尔科（Leslie Silko）的书《典仪》（*Ceremony*）。这些作者探讨了“疯狂”是如何激发人们逃脱的意愿，去追求对时间和欲望的不同体验，去重新发现社区的存在。如今，40年过去了，资本主义的严厉打压和清算，比20世纪70年代更具侵略性和普遍性。想通过“疯狂”进行转移或逃脱到别处的途径更少了。人们被迫沉浸在全天候运转的各种短暂事物之中，这使得人们普遍具有的准精神病状态进一步恶化，也剥夺了所有事物的自由。路德维希·宾斯万格在20世纪50年代曾这样描述：“拥有独立自主的自我人格被抛弃了，主体就这样把自己交给那些关乎人类生存的力量，但这些力量与自己却格格不入。”[23]按照这种说法，精神分裂症（schizophrenia）是对现实世界的逃避，摆脱了共同生活的方式。这样一种状态“就像通过摩擦一样，一个人的存在被慢慢磨去”。在德勒兹和伽塔利看来，精神分裂症患者“是那些无法再忍受‘世界上所有的一切’的人，如金钱、股市、价值观、道德、家园、宗教”。[24]如今，几十年过去了，在“世界上所有的一切”之中又增加了强制性的数字身份、密码、全天候在线媒体，以及涉及工作和生活方方面面的货币化。那些“有见地”的声音一直宣称，这一切都是“长盛不衰”的，不再会有其他的生活方式。所有这些，让“疯狂”变得更加复杂。

那些对网络空间不实的褒奖，仍然能在一些人的口中听到。但很明显，互联网从来就无法打破等级制度，无法重新配置权力关系，那些曾经被边缘化的声音也不可能通过网络空间被人听到，获得想要争取的权利。当这些幻想破灭后，大家便开始接受当前的社会现状，觉得一切都是必要的，都是不可避免的。其中缘由，一方面是无奈和倦怠；另一方面是由于互联网复合体无法提升生活质量，一切都无法逃脱被金融化的命运。20世纪90年代，一些人认为，在全球经济的大环境下，由于工作和生活的不稳定，人们通过信息技术设备即时地交流信息，这种情况会使人们具有很强的、潜在的革命性力量。还有一些人认为，流动的劳动力和碎片化的工作形式，至少大体上可能会成为“大众创新”的基础，甚至可能会冲破现有的政治关系。这种希望是基于这样一种假设，即网络中的个人活动，必然与其他人的活动相互作用、相互融合。社会上有一种预期，认为大家只要相互合作交流，共享创造性，就可以克服产业分工中长期存在的脱节问题，还有可能发展成新的政治斗争形式。

不过，这个想法太过乐观了，它是根据工作场所模型和“非物质劳动”（immaterial labor）的概念推测的。随着财政紧缩措施的加强，这个推测和工人的实际情况几乎完全不同。20年后的今天，使用数字技术的低薪工人所面临的现状是重复地做消耗体力的工作，且受到严格的时间管理和生产效率的监督。想通过“合作网络”（cooperative networks）或在线“点对点”（peer to peer）交流，实现更加有效的政治运转已经不可能了。取而代之的是职场孤立、绝望情绪，还有对自己在职场中会被他人替代的担忧。这些情况到处可见。对于零工经济的劳动者（gig economy workers）而言，除了贫穷和疲惫之外，彼此之间没有什么可以分享的。20世纪90年代以来，工作时间与非工作时间、公共时间与私人时间之间的区分进一步瓦解。这使政治社区或公民社区的建立变得越发困难，甚至已经不再可能。私人或个人生活变成了一条永不停息的在线工作生产线，只要睁着眼，任务就不停地到来。爱德华·斯诺登（Edward Snowden）认为，网络技术是个“伟大的平衡器”（the great equalizer）。这话缺乏根据。精英黑客一直幻想可以通过隐蔽的方式赋予人民权力，斯诺登的话也透着类似的观点。但事实上，这与大多数人的生活没有什么关系，对大规模运动和新社区的建设也毫无益处。互联网复合体虽然看起来充满了来自各个社会阶层的声音，但从辩证分析的角度看，我们无法把互联网变成阶级斗争的工具或平台。有人认为那些土著居民、无国籍移民、失业和贫困的人、被监禁的人也可以利用网络，对自身被边缘化的问题和随时被抛弃的处境提出异议，发表这种言论不仅是错误的，而且是一种带有恶意的、不负责任的行为。

支持20世纪现代化和社会发展的人，同时也是“大众化”的强烈拥护者，无论是社会领域的“大众化”、文化领域的“大众化”，还是商业领域的“大众化”。提倡小规模、人文尺度（human-scale）的社会形态或企业的人，被嘲笑为迂腐、守旧。大众一直盛赞社会金融化，这种金融化最开始在现实的物理空间中，有群众和生产场所。但自从金融化转移到互联网上之后，它对人们的生活已经产生了新的影响。个人和全球网络，两者规模的极度不对称，扭曲了所有无法量化的重要性或价值。我们每个人都被数据至上的观念拉低了格调，我们过分地追求粉丝数、点击量、点赞数、浏览量、转发量、收益率等。不管这些数据是真实的还是捏造的，它们都是对一个人自我信念的非难。当我们可以无限获取图像和信息时，那些共同坚守的东西就会消散，维系社会的各种关系也会土崩瓦解。一些事物成为热门或迅速走红的现象，可以解释为模糊而杂乱的趋同效应，而且是大规模出现。它们是人们对一些微不足道的琐事或伪愤怒表达的一种认同，一种非常空洞的认同，很快就会被遗忘，消失得无影无踪。这种行为缺乏目的性，它有些类似于集体意识，非常可怕，也非常令人沮丧。哲学家罗伯托·昂格尔

（Roberto Unger）认为，在有社交、互动的社会中，“贬抑”（belittlement）是人类无法逃脱的命运。在那样的社会中，自己的所想所愿和社会现实之间存在落差，甚至不会被社会认可，大多数人穷其一生也无法摆脱这种落差。然而，互联网具有庞大的规模，对“贬抑”现象进行了强化，任何形式的自我肯定都会被羞辱、被抹杀。在寻找破解“贬抑”的良方时，昂格尔观察到，我们陷入了“妥协、顺从和自我僵化的梦游状态。那些美其名曰赋予我们权力的网络设备和政策，实际上却在分裂我们、奴役我们”[25]。

从一开始，互联网和社会、商业交织的领域，为欺骗和操纵提供了各种工具和渠道。大量的平台和应用程序支持甚至奖励反社会行为。互联网造就了一个混合阶级。对于其中那些奋进的精英来说，要想最大限度地激发互联网企业的增长潜力，友谊、关怀和诚实在他们眼中就成了绊脚石。从本意上说，所谓“反社会”（sociopathic），是指反对社会，或对社会有害。大多数在线互动交流越来越不像是人在交流，这种状况助长了反社会者的冷酷无情、自私自利，以及同情心的缺失。推动互联网复合体常态化的因素之一，就是它采用了一种立体化模式。在这种立体化模式中，有数十亿计的“表层爬虫”（使用社交媒体、Netflix、亚马逊的人），他们接触不到互联网的“深层网络”（deep web）或“黑暗角落”（dark corners）。但现实中可没有什么距离和分隔，任何人无论身处何地，都可能成为网络的攻击对象。这个体系就是为全球企业、军事、情报机构、犯罪集团、性贩子和各种各样腐化的操纵者量身定制的，人类的交流被置于这样的体系之中，就不会对任何人或任何事有什么责任感可言了。这就是资本主义后期典型的不受监管的自由市场。互联网复合体是彻头彻尾的“黑暗”，因为那句虚无主义的格言“一切都是允许的”现在变成“一切都是允许的，只要它能被货币化，能满足人们的需求”。我们的需求、我们的欲望、我们的情感，原本要去追求一个与他人共同生活的世界，却被互联网割裂、转移。互联网的病根，不在于那些复杂的电子线路中到底传输了什么信息，而在于它把这种割裂和转移变成一种自然而然的事情。一个随叫随到、有求必应的世界，充斥着各种短暂的事物和不同的价值观，无法让人生存，那些被煽动的欲望永远无法得到满足。

直到20世纪后期，我们还会想象一下，全球精英会出于长远打算，出于保护阶级利益，以很克制的方式行事，即便是他们的政策涉及反人类罪。在1999年出版的《卢加诺报告》（*The Lugano Report*）一书中，苏珊·乔治

（Susan George）以令人毛骨悚然的超小说形式，讲述了金融家和企业战略家们如何拟定各种政策，以确保资本主义的生存和亿万富翁阶级的永久统治。乔治模拟了一份类似达沃斯（Davos）峰会的工作报告，指出了一些发展趋势和政策，而这些政策的目的是保护以企业为主导的全球化，确保财富的积累。这份报告赤裸裸地指出，从长远看，要确保资本主义的发展前景，世界人口数必须大幅度下降（即要有几十亿人死亡）。报告最终的结论是，如果人口数没有这样大幅度下降，随之而来的社会动荡、资源短缺和其他不稳定因素将达到无法控制的水平。“我们不能在维持自由开放的市场体系的同时，继续容忍数十亿无生产力的过剩人口存在。”[26]但这并不是一个马尔萨斯式（Malthusian）的观察，因为该报告详细列举了现有的哪些政策可以实现大规模的人口灭绝。其中一些是政治方面和金融方面的措施，它们可以导致饥荒、流行病、种族内部长期的自相残杀、环境破坏、绝育计划等，甚至可以人为制造出一个“失败国家”，在这个国家中有各种致命性的灾难。自这本书出版以来，它所列举出来的各种暴力形式，仅在刚果就造成了800多万人死亡。在刚果和许多其他地区，死亡和破坏活动仍在继续。

然而，随着2008年后全球经济的复苏，随着腐败独裁政权和犯罪猖獗国家的崛起，随着气候危机的迫近，精英阶层不得不将短期敛财作为权宜之计，把长期算计先搁置在一边。如今的资本主义就像午夜时分的赌场，获胜的玩家开始兑换他们的筹码。由于全球经济不再有任何长期的前景，世界各地的资本家们只能做最后的疯狂掠夺，如水力压裂法开采、山顶移除采矿、为生产生物燃料而砍伐雨林、海上钻探、对荒野地区的掠夺等。与此同时，社会资源也遭到破坏和掠夺，无论是饮用水、荒地，还是城市公园，老百姓残存的资源全部被征用。现在的状况，就像20世纪60年代电视游戏节目《超市大赢家》（*Supermarket Sweep*）的新版本，参赛者用一个购物车，在规定的时间内可以在商店里抓取任何有价值的东西。

“数字时代”掩人耳目的手段可谓非常成功。虽然也有一些事物是互联网做不到的，但人们普遍认为数字技术可以把人们身边的一切事物非物质化。互联网的微型化处理（miniaturization），如看不见摸不着的无线设置、没有固定位置的数据，以及类似“虚拟”或“云”等术语，这些事物掩盖了数字化过程中消耗材料和破坏环境的状况。其实这种状况随处可见，比如为了管理大幅增加的数据而不断建设的新数据中心和服务器场。这些庞大的单层建筑有着惊人的能源需求，它会产生很多热量，这些热量会对微电路造成损害，因此每天需要数百万加仑的水来冷却每个单元。按照目前数据指数级的增长速度，从现在算起，50年后所需的服务器场多到能覆盖整个美国大陆。在当前社会对资源掠夺的过程中，人们仍在采用资本主义早期的生产方式，只是后工业时代信息经济的神话使人们不太能注意到这个事实。人们将通过这种生产方式掠夺来的资源，用于高科技武器、通信网络、消费技术产品、太阳能和风能系统，以及很多其他的领域。几个世纪以来，对人民及其土地施加暴力，是帝国主义和新殖民主义行径的特征。要建设一个真正的“数字时代”，就要继续扩展这些破坏性的工业实践，最后达到征服世界的极限。

根据刘易斯·芒福德（Lewis Mumford）设定的历史框架，我们今天的技术时代完全建立在“古技术时代”（the paleotechnic era）的资源开采模式完全相同，特别是在地球上采矿、钻探、倾倒废物等行为。芒福德指出，所谓“古技术时代”，在欧洲始于 1750 年之后，在北美始于1850 年前后，在他写作时的20世纪30年代仍持续影响着世界的大部分地区。芒福德也很注重研究工人如何被约束和管制、如何顺从地为这些大型项目执行工作。他把对工人生活的严格管制和工人生活质量的下降与工业造成的环境恶化联系起来，认为这些都是相互关联的压迫形式。芒福德将这种形式的资本主义命名为“石炭纪资本主义”（carboniferous capitalism）。在他看来，这种资本主义造成的后果之一，就是在战争和工业生产中，个人的感官和认知均受到损害。半麻醉状态，已经成为生存的必要条件。

> “古技术时代”社会的状态可以说是一种战争状态。这个时代的特点是，从矿井到工厂，从高炉到贫民窟，从贫民窟到战场，都在为死亡服务。竞争，为生存而拼搏，征服与屈服，灭绝。当“战争将至”成为这个社会的发展动力和立足基础时，人类的生活动力和对生活的认知则缩小到对贫穷的恐惧、对失业的恐惧、对丧失阶级地位的恐惧、对饥饿的恐惧、对毁灭的恐惧……矿井和战场是“古技术时代”社会的运行基础，其中的一些行径导致了大众的恐惧心理。[27]

到了20世纪30年代，芒福德的悲观情绪有所缓和。他预测，一个全新的、文明的技术时代即将到来，这些野蛮的掠夺行为将不复存在。他错误地认为，电子、轻质材料和电信技术将带来一个“新技术时代”（Neotechnic era）。在这个时代，社会和环境需求是最受关注的问题。不过，到了20世纪60年代，芒福德已经放弃了这一充满希望的愿景，因为他目睹了“永久战争状态”（a state of permanent war）的建立，以及更为极端的生态破坏行为。他曾把科技设想为社会变革手段，但其却被跨国公司和军队掌控和利用。他认识到“‘古技术时代’的理念仍然在很大程度上主导着西方世界的意识和政治”，美军在越南和柬埔寨的机械化屠杀就是这一观点很好的证明。

这些理念仍在影响着世界，最好的例子莫过于全球肆虐的露天采矿。露天采矿的规模和破坏程度，连工业革命和20世纪的工业活动都相形见绌。当前，全球有50多万个正在开采的采石场和矿坑，雇用了4500多万人，主要开采矿石和修建道路、大城市所需的砂石。印度尼西亚巴布亚省的格拉斯伯格矿（Grasberg）是世界上最大、最赚钱的矿场之一，堪称其中的“典范”。它挖开的矿坑有约31平方公里，每周有超过70万吨的尾矿被倾倒到当地的河流之中。这个矿场雇用了23000名工人，时薪不到1.5美元。自20世纪90年代以来，数千名巴布亚省的分离主义叛乱分子、罢工的矿工和环保人士被私人安全武装势力杀害。当地广阔的高原地带和雨林地区，大多数已被有毒的径流污染，而被污染地区的生态是无法恢复的。所有这一切，都是为了满足电子产品制造商对铜的需求，尤其是《绿色新政》的核心工程：太阳能电池板、风力涡轮机、电动汽车、超级计算机芯片，以及由物联网（the Internet of Things）支持的“智能家庭”中所有的线路等。铜电缆仍然是工业规模的发电传输和大多数电信设备的首选导体。格拉斯伯格矿的所有者是自由港麦克莫兰公司（Freeport-McMoRan），这家公司在全球范围内管理着数十个破坏力相当的矿场，包括秘鲁、智利、玻利维亚、毛里塔尼亚、南非、赞比亚和新墨西哥州。除了这家公司，还有其他数以百计的公司在为电动汽车的电池掠夺锂，为风力涡轮机掠夺钕，为“捕食者”无人机掠夺钶钽铁矿，为数字设备和网络基础设施掠夺镍、钼和其他元素。这些公司的行为，使这种社会灭绝式的开采规模成倍扩大，危害不可估量，这种情况在南方世界尤为严峻。在秘鲁，一家公司正在进行一项长达数十年的工程，将约4600米高的特罗莫克山（Mt. Toromocho）夷为平地，以开采数十亿吨的矿物——这也是资本主义为延长“数字时代”而蚕食地球的又一个小例子。使用有毒的方法将稀有金属从开采的矿石中提炼出来，对土地、水和人类生命造成了无法弥补的伤害。然而，在美国，大多数智能手机、社交媒体和Netflix的用户根本不知道巴布亚和秘鲁在哪里，也不会关心那些国家的人民和他们的生活。绿色资本主义和“可再生能源”的倡导者虚伪地承诺，声称在监督之下，资源开采可以在不破坏栖息地、生态系统和人类社区的情况下完成，但他们知道这是不可能的。历史已经充分证明，资本主义对自然资源和人类的生活不存在任何形式的“保护”或“保留”。随着气候变暖问题影响到整个生物圈，甚至可能达到灭绝生命的地步，我们必须再三强调一点：这些矿物质必须留在地下，目前紧迫的任务是从根本上减少毫无节制的全天候能量消耗，以及所有不必要的一次性产品和服务，因为它们扭曲了我们的生活，毒害了地球。

西方思想中一个极具代表性的思潮就是对自然的客观化，在物质世界中我们出于本能的那种无限的创造力和多样性就此被切断。卡洛琳·麦茜特（Carolyn Merchant）、纨妲娜·希瓦（Vandana Shiva）、西尔维亚·费德里奇（Silvia Federici）等人，描述了从16世纪开始人类是如何征服自然的。[28]麦茜特最为清晰地指出，泛灵论（Animism）和有机哲学（Organism）已经被一种新的自然观取代，这种自然观认为自然“是一个由死的、惰性粒子组成的系统，受外部力量而非内在力量驱动”。他们不愿承认自然为人类提供了生机和滋养，而是围绕机器这一象征概念对现实进行重构。于是，维护男权主义和厌女症（misogyny）的新体制和司法形式从中衍生，麦茜特对这一过程进行了详细描述。在菲利普·德斯科拉（Philippe Descola）看来，自然与人性彻底分离的观点在近代早期的欧洲获得认可，更因“人类普遍倾向于选择超越自然的约束和本能的力量”[29]的信念而得到强化。因此，人类在与动物、昆虫、植物、森林、河流相伴的生活中所形成的社会习俗和行为，被慢慢边缘化，甚至消失。生机世界（lifeworld）的社会律动，最初是由季节的轮换、月亮的圆缺、鸟类的迁徙、昼夜的交替、入睡和醒来、节日的顺序决定的，而如今却变成了日常生活中无关紧要的事情。然而，正是这些周而复始、富于变化的循环，滋养了前现代文化中共同的理念，形成了各种形式的联结。到了19世纪中叶，这个生机世界尚且有迹可循。但到了20世纪，生机世界中的传统知识、个人技艺和道德信念，在理性化（rationalizing）力量的冲击下，彻底消失殆尽。[30]与此同时，人们普遍认为，启蒙运动（Enlightenment）和物质文化的发展促成了一个“祛魅的世界”。有人为这一变化感到庆幸，有人则感到遗憾。目前来看，在这个“祛魅的世界”中，西方的现代化给我们带来了很多全球性的灾难，甚至会把人类逼向灭绝。[31]技术现代主义（techno-modernism）和西方科学似乎已经变成一种宗教，对它们来说，最大的“异端邪说”就是肯定世界是有生命的，肯定所有的生物都是相互联系和相互依赖的。从“animate”这个词的词源来解释，一个有生命（animate）的世界是会呼吸的，通过“世界灵魂”（world-soul）有节奏的脉动将一切联系在一起。

回顾过去，20世纪60年代的反体制斗争有一个致命的局限，就是在对帝国主义、殖民主义和资本主义的批评中，缺乏对环境问题的深刻思考。在20世纪60年代，很多论述都开创性地指出解决生态危机问题迫在眉睫，但对于那些参加解放运动、反战运动和学生运动的人来说，这些论述基本上没有引起他们的注意或重视。[32]居伊·德波在1970年写道，资本主义对环境的破坏是目前最紧迫的问题，因为这样的破坏关乎万物生存，但读者和评论家在读他的作品时对这点并没有太多注意。他在文章《病态的星球》（*A Sick Planet*）中指出，资本主义发展导致的后果，对人类和地球来说已经到了致命和无法补救的地步。但同时他也指出，这场灾难被各种图片和语言淡化，人们会误以为现有体系有能力缓解或解决这场危机。[33]当德波重新提出“要么革命，要么死亡”（Revolution or Death）这一历史口号时，这一次生死攸关的不再是个人或社会运动，而是整个星球。

1970年4月22日被选定为第一个地球日。但两周后，肯特州立大学和杰克逊州立大学的反战抗议者被美国国民警卫队和警察杀害，这让第一个地球日显得无关紧要。更可惜的是，在20世纪70年代早期，许多左翼人士认为，对于当时的反战和解放斗争来说，关注环境问题就等于分散火力。激进分子的这种怀疑并非毫无道理，但由于他们目光狭隘，激进左派无法理解西方帝国主义国家为什么在越南战争中大量使用对人和生态有害的杀虫剂。在生态、社会方面对资本主义的批评，本来可以和群众运动结合在一起，但很遗憾，这个机会被浪费掉了。到了20世纪80年代，一些前左翼分子成为后现代主义者和后结构主义者之后，对谈论自然或环境保护主义的人，都表露出一种傲慢的鄙视。1991年弗雷德里克·詹姆逊（Fredric Jameson）在他的巨著第一页写下了这样一番话，称“后现代主义是在现代化进程完成、自然界永远消失后你所拥有的东西”[34]。这番话十分不妥，意味着关注环境问题的时期结束了。关注动物权利、保护土著居民、保护热带雨林或濒危物种等问题，会被认为是守旧和幼稚的，因为那些鄙视这些问题的人看到权力和商品化的全新影响已经无处不在。甚至有人断言，没有什么会“脱离”这些影响。这一时期跨大西洋文化的缺点，在雅克·德里达（Jacques Derrida）1993年出版的《马克思的幽灵》（*Specters of Marx*）一书中尽显无遗。在书中，他列举了新自由主义的“十大瘟疫”[35]，包括失业、债务、武器走私、种族战争、国家垄断联盟，但没有提到即将到来的生态灾难，也没有提到资本主义在大规模物种灭绝和生态系统崩溃中发挥的作用。对于一些解构主义者来说，所谓的环境危机无非是一种修辞上的混乱：关注“污染”，就是陷入了与“纯净”这个词的二元对立，因为在语义上，这两个词是相对的。

现代工业文明让世界处在消亡的边缘，社会形态和社区的消亡与人类共同依赖的地球生物系统的消亡捆绑在一起。当前，我们正在经历资本主义最后的阶段——焦土阶段（scorched earth phase）。这个术语在军事上的意思是破坏维系生命的基本资源，使其无法为被征服者或敌军所用。从更广泛的意义上说，焦土之地是指一个富有生机的地方退回到贫瘠的状态，同时丧失了复苏的能力。这是一片十分干旱的土地，土壤受到化学农业的破坏，没有水源，它的河流和含水层被毒素污染，空气也被污染。焦土资本主义极具破坏力，使任何群体或社区无法再去追求自给自足、自治或相互支持的生活模式。在南方世界，这种情况以极端暴力的方式发生着。在那里，开采、砍伐森林和倾倒有毒物质造成了大量荒地，不再适宜人类居住。在城市，穷人变得绝望，成了四处流浪的人。精心策划的小规模战争和贩毒集团之间的暴力冲突让那些曾经代表文明社会的东西不再出现。现在我们明白，资本主义当然不会做到对生命的完全吞噬，不过有些人依然持有这种看法。然而事实证明，资本主义不仅有能力残害和毁灭生命，更有能力毁灭一切维持生命的东西。

从词源上看，“scorch”（焦）一词潜藏的意思可以追溯到古法语中的“escorchier”（扒皮），意思是剥去或撕掉身体的表皮，使肉体暴露在外。用来孕育生命、保护生命的地球保护层一直都在耗损。烧毁亚马孙森林、珊瑚礁白化、在大河上修建水电站大坝，以及温带草原大规模的水土流失等，都在加速地球保护层的耗损。英语动词“scorch”一直有焚烧表面直至物体颜色和质地达到焦煳、干瘪的含义。这就是我们人类现在的居所——一个凄凉荒芜的世界，几乎失去了色彩，失去了那无形但又生动的独特性，失去了赋予我们生活意义的独特性。色彩，具有无法量化的质感，代表了我们的爱和希望，代表了人与人之间的联系、人类与地球之间的联系。但是，当人类的各种生活体验变得不再有区别，被同质化，世界便失去了色彩。如果一个世界充斥着暴力和肆无忌惮的残忍，那么人们拥有的创造力和萌生的怜悯之心都将受到重创。对约翰·拉斯金（John Ruskin）来说，调和世界的色彩是一种道德上的需要。他独具慧眼，有远见卓识，率先对“焦土”进行了阐释。他认为“焦土”的标志是现代战争的野蛮行径和工厂劳动的人力成本。在他看来，工业化和军事化标志着“19世纪欧洲的死亡”。在1860年前后，他用文字将欧洲的“死亡”描绘成一片光芒照耀的大地，那束无法熄灭的光芒格外刺眼，让人非常不舒服。“现在，这个可怕的地球全都被照亮了，变成了一个苍白阴森的停尸房——一个撒满人类骨灰的球体，在太阳下摇摆、闪耀，到处是耀眼的白光，弥漫着死亡的气息。死亡，不仅仅是无数可怜人的死亡，更是意志、仁慈和良知的死亡；死亡，不是肉体的消亡，而是对灵魂的捆绑。”[36]

罗莎·卢森堡（Rosa Luxemburg）和拉斯金一样，她也欣赏透纳（William Turner）的画作。她为理解资本主义造成的灾难提供了一个更大的历史框架。对她来说，资本主义是欧洲一项独特的发明，起源于16世纪的早期殖民活动。她讲道，“从一开始，资本就必须全面摧毁和消灭所有阻碍其发展的非资本主义性质的社会组织”[37]。她借鉴马克思的理论，将欧洲国家的暴力行径与亚洲和近东许多早期侵略和专制占领的实例进行了对比。这些征服，虽然手段是残酷的，也达到了统治和剥削的目的，但是，她认为，“他们并不是为了彻底掠夺人民的生产力，或彻底摧毁他们的社会组织”。尽管有税收和各种压迫，但农民和工匠们仍然能够继续他们古老的生存模式，他们生活的“传统结构”也仍在延续。相比之下，前现代农业社会在“欧洲资本主义的杀气”（这是罗莎·卢森堡的叫法）面前显得束手无策。它导致了整个社会结构的崩溃，“撕裂了所有传统的纽带，在很短的时间内，把社会变成了一堆凌乱的瓦砾”[38]。那些流离失所和无家可归的人以最低劣的雇佣劳动形式进行工作，甚至面临奴役和灭绝。卢森堡尖锐地指出，在欧洲，社会存在的不确定性和生活工作的不稳定性，成了构建资本主义社会的一个根本的、系统性的目标，而不再是一个副产品。

这样的措辞让我们想起卡尔·波兰尼（Karl Polanyi）在20世纪40年代对自由市场的评价。他讲道，如果任其发展，自由市场将“毁灭社会中的人和自然物质，它会从物理上摧毁人类，把人类周围的环境变成荒野”[39]。波兰尼写这篇文章的时候，国家对市场的改革和干预貌似还能够抑制自由市场带来的最坏恶果。即便如此，他还是发现生机世界已经成为19世纪资本主义的牺牲品，“家庭生活的破坏、社区的解体、森林的滥伐、河流的污染、工艺标准的退步、各种生活构成的退化（包括住房、艺术在内，以及公共和私人生活中所有无关利润的部分）”[40]。鉴于当前由市场扩张和疏于监管造成的全球危机，越来越多的人又开始对波兰尼的警告感兴趣。

哥伦比亚电影制片人塞萨尔·奥古斯托·阿塞韦多（César Augusto Acevedo）在他的电影《大地与阴影》（*Land and Shade*）中揭露了资本主义暴力行径带来的残酷现实。电影从一个特定的、局部的角度以小见大，背后映射的是整个全球大背景。这部电影讲述的故事发生在哥伦比亚西部考卡山谷（Valle del Cauca）。这里原本是一片茂密的丛林，一群非洲裔哥伦比亚人居住在此地的一个小农场里，以传统农业为生，依靠一茬接一茬的当地农作物果腹。阿塞韦多通过一个家庭的生活故事，展示了传统世界残留的一些景象。2012年与哥伦比亚革命武装力量（FARC）达成最初的和平协议后，很快这里便开始砍伐森林，大规模种植单一作物，造成了贻害无穷的后果。影片中的主要实景是一排排甘蔗，十分单调，主要用作生产乙醇。一棵大树矗立在这家人的小房子外面，这是生物燃料公司将密林夷为平地后留下的唯一一棵树。主人公阿方索（Alfonso）在与家人分离多年后回到家里，看到他成年的儿子由于经常焚烧甘蔗吸入烟尘和使用除草剂，已病到卧床不起；他的儿媳和其他被剥夺土地的农民一起在田地里做日薪工人，而且经常得不到报酬。阿方索试图和他的孙子做朋友，向他展示自己小时候学的模仿鸟叫的技能，但从来没有鸟对他所发出的鸟叫声做出反应，因为周围一只鸟都没有了。土地已经被毒化，不再是万物繁盛的栖息之地。阿塞韦多的电影以平静明晰的手法表现了被掠夺的自然环境与罗莎·卢森堡所描述的不稳定的社会之间的联系。《大地与阴影》突出的是那些受伤的个体，他们的生存能力和关心他人的能力被窃取了。

在这片焦土上，希望被扼杀，世界再也无法治愈和恢复。随着年青一代被这个大趋势所掌控和摧毁，我们丧失重新开始的信念。对年轻人的攻击，在儿童时期开始得越来越早，这是新保守主义（Neo-Conservatism）对20世纪60年代的反叛和那些年的整个政治反叛文化进行反击的延续。自20世纪90年代中期以来，为了削弱年轻人的反叛力量、防止年轻人了解和审视自己，互联网复合体一直是首选工具。为了防止他们效仿60年代的青年运动，就必须剥夺年青一代的空间和时间，哪怕是一点点自主意识和属于一代人的自我认知，也绝不可以出现。在过去的20年里，年青一代不再那么关心政治，他们跟风时髦的技术，痴迷于消费。社会导向就是在培养年轻人形成一种可以持续一生的习惯，以至社会可以预测出他们的行为。大量的资金被悄悄投入“形成偏好的神经基础”（the neural foundations of preference formation）的研究项目中。“分代人”（X世代、Z世代等）是一种伪社会学的叫法，目的是将具有趋同性的消费主义描绘成一种不可逃避的大众命运。然而，在南方世界和其他广大的贫困地区，由于财政紧缩、债务、饥荒和国家恐怖主义，年青一代正在遭受一种不同的剥夺，一种更加残酷的剥夺。

问题的根源不在于电子产品伴随着他们的成长，而是他们只要睁开眼睛就会被教室里的电脑、手机上的社交媒体、游戏和其他信息包围。当然，关于年轻人和数字技术有很多激烈的探讨和辩论，但很少有人指出，他们真正被剥夺的是他们的青春。他们被剥夺了发现自我独特性的那种惊喜，以及滋养萌发自爱之情，还有通过友谊、亲密的性接触和自己的创造力融入世界的机会。儿童和青少年沉溺于互联网复合体之中，在他们脆弱的感官世界里，大多充斥着让人成瘾的各种刺激和电子产品的光电闪烁。大多数年青一代被扔到像监狱一样的学校里。[41]学校功能失调，每况愈下，而校园内越来越频繁的枪击事件进一步加剧了焦虑、恐惧和冷漠。年轻人总觉得自己的想法无聊或毫无价值，而企业平台则训练他们展示或彼此交流自己最肤浅的一面。在无处不在的暴力、色情、残忍和嘲弄中，年轻人丧失了自发性。音乐，尽管已经在全球范围内商品化，但它仍是为数不多的能让年轻人创造出“绝对最小值独特性”[42]的领域之一。但总的来说，他们是一批没有能力拥有回忆和生活经验的人。在社交媒体不断变化的时尚潮流中随波逐流，让人想起汉娜·阿伦特（Hannah Arendt）的警告：“陈规滥调、习惯用语、标准化的表达和行为规范具有一种社交功能，不让我们接触到真实的一面，这个真实，指的就是我们内心真实的主张。”[43]

年青一代丧失了感官上的好奇感。哲学家汉斯·约纳斯（Hans Jonas）将这种好奇感称为“像用一双新的眼睛第一次看世界”[44]，这样的好奇感可以产生良知和同理心。现在，这种好奇感已经变得麻木了，或者是被所谓技术上“绝妙”的东西取代了。网络生活是一个自给自足的闭环系统，人在其中所产生的需求必须控制在这个闭环之中，而且你想有什么样的梦想，也完全由它掌控。不管现实世界是多么支离破碎，一个人只有与他人共同生活在其中，并从共同生活中萌发出自己的心愿和希望，才能够在成长过程中拥有拒绝的能力；在面对那些攻击和扼杀自己希望的强权时，才能够直视敌意。在雪莉·克拉克（Shirley Clarke）1963年导演的电影《冷酷的世界》（*The Cool World*）中有一段这样的情节，十几岁的妓女卢安（LuAnne）生活堕落，经常为哈莱姆区（Harlem）的街头帮派成员提供服务。一个冬天的周末，她和黑帮头目杜克（也是她的皮条客）一起去参观废弃的科尼岛。在那里，她第一次看到了大海。正是她与这片寒冷、灰暗、无边无际的天空和海洋的意外邂逅，让她瞬间迸发了自我认知的火花，使她有了勇气。于是，她趁着没人看管便偷偷逃离了此地。

20世纪60年代新左派政治（New Left politics）有一个核心观点，他们认为，年青一代无论是否参与生产或劳动，都受到20世纪资本主义社会价值观和各种要求的压迫和束缚。人们普遍认为，年青一代对专家统治（Technocracy，亦称为“技术官僚主义”）和社会体系的融合具有独特的抵抗力，这一观点在保罗·古德曼（Paul Goodman）、西奥多·罗斯扎克（Theodore Roszak）、拉乌尔·范内格姆（Raoul Vaneigem）等人的著作中都有所表述。“青年”在历史上有许多不同的定义，但它有一个特征一直没变：通过宗教或文化习俗界定，青年是一个过渡阶段或中间阶段，在这个阶段中青年要完成社会的同化融合，之后才长大成人。但是，到了20世纪中期，在西方大部分地区，各种体制和观念已经发生改变，于是在社会上形成了一个窗口期，出现了不同的社会实践和探索，寻求不同的出路和反抗之道。尽管几十年过去了，大型媒体还在对20世纪60年代反主流文化进行嘲笑和讽刺，这恰恰暴露出他们的一种集体焦虑——一个人数众多的群体，他们身上的体制价值观和预设的行为，即使是部分被颠覆，也会产生这种集体焦虑。现在社会的目标是，不给年青一代想象未来的机会，不让他们创造属于自己的未来。但这个目标不能讲出来，反而要通过大量关于年轻人如何“创造性地”和“突破性地”利用他们的数字工具和平台的新闻来掩人耳目，营造出一种年轻人正在掌握未来的假象。为避免出现具有反叛精神的年青一代，社会首先要做的是掩盖他们失业、失去未来的事实，于是他们就为年轻人炮制了一个个故事，说这一代人想成为网红，想成为创业者，或者以其他方式追求没有灵魂的企业价值。

但是，年轻人并不是唯一被剥夺了时间和空间进而无法进行人际交往的人。限制非金融化的社会交往，对所有人的交流能力都是一种伤害。一直以来，国家和强大的体制通过虚假信息实现这种限制。但这只是其中一种手段，现在更显著的是各种碎片化的信息涡流，它让我们深陷其中，感到无所适从。互联网就像数字版的“大太平洋垃圾带”，体量巨大，且覆盖范围不断扩大。在这个垃圾带上，来自全球网络的糟粕不断累积，占据了人与人之间、社区与社区之间日常交流的空间。海量数据无休止地积聚，不管是图像还是语言，会产生让人麻木的刺耳杂音和各种令人困惑的假象。这些假象使人们的思维受到限制，减少人们相互对话的机会。对数以百万计的人来说，每天与他人的互动交流就像是网络沼泽中漂浮的一个小颗粒，瞬间就被遗忘。所谓的知识经济（knowledge economy），最重要的成就之一就是大量制造无知、愚蠢和仇恨。

哲学家尤尔根·哈贝马斯（Jürgen Habermas）非常详尽地阐明了一个观点：语言作为人们相互理解的媒介，不仅是生机世界的重要组成部分，而且是生机世界的全部。他在许多作品中都分析了资本主义经济、媒体和技术科学的工具化力量，以及生机世界是如何被这些力量所影响的。然而，即使哈贝马斯将这些力量看成是“对生机世界的殖民化”，他仍然希望新的媒体形式能够促进公共领域的建立，以便“负责任的行为主体”之间能够产生交流，达成一些社会共识。不过在他1980年前后的著作中，对建立在“相互交流行为”（communicative action）之上的现代社会的乐观态度开始有所转变。他观察到，如果人与人的交流变成欺骗和对事实的歪曲，全都是一个腔调，还无休无止，那么生机世界便相当于灭亡了。[45] 40年后的今天，我们生活中的交流被蓄意破坏，全都是被互联网“程序化”的不知所云和口是心非，这是哈贝马斯没有想到的。

20世纪70年代以来，许多理论家，尤其是亨利·列斐伏尔（Henri Lefebvre），揭示了资本如何将熟悉的社会环境转变成“抽象空间”（abstract space），也就是说，把它转变成与全球市场所依赖的交换和流通形式相兼容的社会环境。对列斐伏尔来说，这种行为是将世界简化为“一个‘计划’，它存于虚无之中，毫无任何其他的特质”。这是在制造一张白板，所有独特的和难以取代的事物都已被清空。列斐伏尔指出，“抽象空间不是字面意思上的同质化。相反，它只是把同质化作为目标”[46]。在他对资本基本趋势的描述中，有些人误将“抽象”理解为技术产生的秩序或规律。现在，几十年过去了，我们正在走向这个白板，而对白板上焦土一般的现实，我们也有了更清晰的认识：一个被蹂躏和抢劫一空的地球，越来越多的土地变得无法居住且无法恢复。政治理论家安德烈亚斯·马尔姆（Andreas Malm）对列斐伏尔的模型进行了一次关键补充。马尔姆的研究表明，尽管抽象空间的那些明显的抽象特征可以让资本不受约束地流动，但抽象空间本质上依赖于陆地资源，特别是石化燃料。事情的矛盾点就在这里——资本的流动性依靠的是不流动的地下能源。“不管是选址还是迁址，提炼还是加工，订购还是分销，进口还是出口，决定其自由度的还是矿山、矿井、气田，大规模科技产物的精华离不开地下资源。”[47]此外，在利用这一抽象空间和争夺陆地能源储备时，就需要大范围去实施暴力活动。从这个意义上说，在资本积累的过程中，拆除房屋、砍伐森林、夷平山顶、采矿、水力压裂、杀害平民以夺取资源丰富的土地，资本主义需要利用这些手段，消除一切阻碍物质或非物质流动的因素。

早在资本主义出现之前，罗马的征服就给军营和城镇带来了抽象的规划。这些几何布局，是罗马的核心文化向其外围的物理延伸和认知延伸，是帝国在外实现控制权的可复制模板。罗伯特·波格·哈里森（Robert Pogue Harrison）认为，北欧大面积的温带森林，既是罗马扩张的物理障碍，又能扰乱人们的感知能力和对空间的掌控。[48]广袤的林地让观察者感到困惑，很难找到视觉上的确定性、找出绘制地图的规律性，以便驯化被征服的土地。森林内光影变幻莫测，距离远近难定，丰富的生物物质令人难以往深处探索。遇到这种地理环境，只有把它们夷平才能彻底征服。几个世纪之后，被帝国主义野心冲昏了头脑的美国军队遇到了密不透风的越南森林和藏匿其中的越南军人。他们竟然使用了包括橙剂在内的脱叶剂和除草剂，并持续使用了十多年。这样做不仅能为空中打击所需的能见度创造条件，也是一种种族灭绝的战略，通过摧毁作物以断绝人们的食物来源。

在近代历史上，对后世影响最为深远的制造临时性抽象空间的事件，就是第二次世界大战。长期以来，关于这场战争的意识形态谎言和历史捏造满天飞。重要的是，我们要弄明白，对胜利方来说，这场战争是如何通过前所未有的破坏行为实现了现代化。对于全球资本主义来说，这场战争为大型贩毒集团和永久战争国家主宰全世界扫清了障碍，帮它们清除了一切碍事的边界、语言障碍、主权和金融模式等绊脚石。这是对前现代欧洲残存碎片的最后一次清理。广岛和长崎遭受的轰炸，德累斯顿、汉堡和东京遭受的燃烧弹轰炸，从军事上来说，完全没有必要。但这一系列行为证明了生机世界及其居民根本无关紧要，可以随意丢弃，而这正是塑造战后美式和平（the post-war Pax Americana）的必要条件。许多人认为，在化学、航空航天和微电子等相关新兴行业的推动下，战争及其后果直接催生了“国家安全”（the

National Security State）的概念。著名的ENIAC计算机问世于1946年，很快便被美国军方用于计算预测火炮或火箭的运动轨迹；同一年，该计算机在研制第一颗氢弹方面发挥了决定性作用。甚至在战后不久，一些人就想使用核武器，以确保战后新秩序不受挑战，永久存续。20世纪最著名的数学家之一约翰·冯·诺伊曼（John von Neumann）主张对苏联所有主要城市和工业中心进行大规模的先发制人的核打击——当然，最后并未实施。[49]化学垄断公司在继续开发用于平民的化学武器，同时也启动了农业工业化，开始使用杀虫剂和除草剂。生命力，无论是一个躯体的生命力、生态节律的生命力，抑或是社会弹性的生命力，都不再只是一个被控制和被利用的对象，而是成了一个潜在的毁灭对象。

有一个观点，虽然被人轻视，但仍有一定启发性：互联网复合体在一定程度上是“冷战”的产物。在“冷战”中，科学家和技术官僚（technocrats）为达目的不惜策划大规模的毁灭活动。众所周知，阿帕网（ARPANET）是在20世纪60年代被设计出来，作为一个“分散式”的、以指挥和控制为目的的网络，应对全面的核攻击。即便大部分网络和地球上的大部分生命都被摧毁了，由于其内置路径冗余且不需要中央交换机，阿帕网仍然可以继续运行。设计这个网络的目的是“维持美国核力量的控制系统不被摧毁”，从而使阿帕网保持反击的能力，可以发射任何未被摧毁的导弹。由此可见，这个系统的功能已经脱离了人类的背景，而且它的设计目的非常明确，就是在整个社会和社会成员已经失去存在意义的时候仍能发挥作用。尽管阿帕网的问世已经过去了半个世纪，而且它又增加了许多设备，但是只要我们看到——将整个社会生活大规模迁徙到一个网络架构之中，并且这个网络架构的最初构想却是为了那个终极的抽象空间（终极白板）时——其中的恐惧是难以抹去的。世界各地的人被成群结队地赶到互联网上，这印证了保罗·维里利奥（Paul Virilio）的观点。在20世纪80年代，这种观点似乎还显得夸张。维里利奥认为，在适应数据网络速度的新型战争安排中，曾经的平民永远会被视为一种被针对的要素。维里利奥还指出，不断扩张的战争机器不可能与公民社会共存，军事行动的基础就是“社会的发展停滞”（societal non-development）[50]。

1943年，哲学家西蒙娜·韦伊（Simone Weil）在去世前的几个月里写了一篇文章。文章指出，“背井离乡”（uprootedness）的精神危机，是世界大战和货币经济影响下最具破坏性的恶果之一。这个观点并不是什么与土地、土壤有关的保守观念。对她来说，所谓的“背井离乡”，是指被剥夺了“真正地、积极地、自然地参与社区生活”[51]的权利。她强调的是，一个人可以一生始终待在一个地方，在精神上却不能和这个地方的过去有任何联系，也没有形成对未来共同的期待。她还强调，不管一个人所处的环境如何，不管身在城市还是农村，都要通过不同的触须融入周遭的环境之中。而这种融入的方式，在现实中是通过工作，在道德上是通过关注他人。当今这个时代，“背井离乡”以数字化的新形式支撑着个体自主的假象。人们希望与他人长期保持情感互动，而这样的渴望会被稍纵即逝和千篇一律的在线互动损耗殆尽。在这种现象的影响下，我们在面对周遭生机世界的瓦解时，竟然表现出一种让人难以理解的冷漠。各种各样的“背井离乡”正在日益泛滥，而我们却熟视无睹。无情、可怕的“背井离乡”正在一步步击碎我们在技术上的自豪感。饥荒、干旱和战争仍在迫使数百万人离开家园和曾经的社区，只留下大片土地和田园，人们无法继续那里的生活。我们希望把一切事物都“数字化”，沉浸在一种幻觉之中，以为一切都会一如既往地延续下去。尽管我们有自己的希望和目标，但我们却在不假思索地继续制造全球灾难，注定要继承焦土资本主义的“末日白板”。

II

只有在共产主义的社会关系下，已经取得的科技的真理才能在实践中实现。

——卡尔·马克思，1851 年

焦土
故事

全球资本主义
最后的旅程

北极海冰正在大量流失，格陵兰岛和南极洲的冰川正在融化，大火正在烧毁西伯利亚永久冻土层……我们每天都会看到这样的大新闻，早已司空见惯。甚至当人们看到任何关于地球冰冻圈消失的报道时，也都觉得事不关己。莱尔冰川（Lyell Glacier）位于内华达山脉的约塞米蒂国家公园（Yosemite National Park）的边缘，事实上目前它没剩下多少了。美国48个本土州有数百个冰川，多年来莱尔冰川一直是游客到访最多的冰川之一。但2010年官方宣布莱尔冰川彻底消失了，变成了散落的小型块状冰，并在大气烟尘中被染成了黑色。这里不仅是冰川的残骸，也是人们曾经坚定的、影响深远的构想所留下的遗迹——那些关于时间和永恒的构想，关于“深入人心”的事物的构想。

19世纪50年代，殖民者从原住民手里夺过约塞米蒂山谷后，这座冰川便被赋予了一个很有欧美范儿的名字。对于受过教育的精英来说，无论是在欧洲还是北美，都会感觉“莱尔”（Lyell）和“冰川”（glacier）这两个词搭配得非常和谐。到了19世纪中叶，苏格兰地质学家查尔斯·莱尔（Charles Lyell）因发现地质变化规律而广为人知。他认为重大的地质变化需要经历漫长的时间。地球已经发生了巨大的变化，但非常缓慢且难以察觉，侵蚀和沉积所经历的时间远比人类记载历史的时间要长得多。莱尔的“渐进主义”（Gradualism）的一个例证便是冰川。在人类看来，冰川似乎是一种永恒的存在，但其实冰川一直在以难以察觉的速度缓慢移动。莱尔承认偶尔也会出现火山爆发或地震等剧烈反常的自然现象，但它们对自然界长期演变的过程影响极小。

詹姆斯·赫顿（James Hutton）在18世纪90年代提出了“深时”（Deep Time）这一颇具影响力的概念，即地球历史的时间计量单位。这个计量单位的跨度非常之大，与人类所经历的时间不可同日而语。莱尔以赫顿的观点为基础，指出“地球就像一个剧院，每天上演着相同的变化，每天都有缓慢但永无休止的波动”[1]，同时指出从人类的视角看，地球形态变化的速度异常缓慢。于是人们便形成了一种思想和文化观，即地球环境变化是缓慢的，且不受人类活动影响。用莱尔的话说，“人类施加的力量总和是微不足道的”，而自然“从人类历史和社会科学的角度来看，不再是一个重要的角色”。[2]经济的现代化使我们疏远自然，地球仿佛变成了非常客观的东西，就像一幅风景画，供人们去思考和研究。但与此同时，地球看起来有取之不尽、用之不竭的资源储备，人们可以轻易地攫取，为财富积累服务。莱尔的确推测过地球的大气层可能会变暖，但是要历经数万年。近年气候的变化，比如，巨大的极地冰盖在短短几十年里就消失了，变化速度之快对他来说是不可想象的。

现在，随着气候变暖的速度不断加快，很难再觉得有什么是能扎下根来的，除了那些放射性废弃物、微塑料，以及仿佛“永远不变的”化学物质。我们总以为人类的行为不会对世界造成影响，殊不知我们就是这个世界的一部分。这种错误认知导致的后果还在日益加剧，已经成为我们生活的一部分。但是，只要我们还觉得我们的任务是阻止地球即将到来的灾难，那么我们的认知就是错误的。正如瓦尔特·本雅明（Walter Benjamin）等人所说，真正的灾难在于，人们认为一切事物过去是什么样，现在还是什么样，将来也会是什么样；各种形式的帝国主义暴力行径、经济不公平、种族歧视和性别歧视导致的恐怖活动，以及生态破坏的行为，都将延续下去。打破当前各种做法和习惯的时刻已经到来，渐进主义已经没有出路。现在，越来越多的企业和军事力量鼓吹灾难即将到来，把灾难当作一种武器和宣扬技术现代主义的工具。事实上，支持全球体制持续存在、支持数字时代的全天候网络的权威人士，也声称全球变暖是一场巨大的危机。他们声称，唯一能解决这场危机的办法是碳捕捉地球工程（carbon-capture geo-engineering），但这一工程的所需比曼哈顿计划（the Manhattan project）还要大得多。总之，这些相互矛盾的信息，犹如对人们的双重束缚，造成了社会麻木和宿命论。无论社会出现哪种问题（低薪工作、不断更新设备、疯狂追剧、军事力量/企业对全球灾难的管理），将来的主要任务都将是维持现有权力关系，后资本主义的平等主义形态（egalitarian forms of post-capitalism）或生态社会主义都将被排斥在外。

不过现在很少有人把资本主义描绘成一片光明坦途，这个体系就像吸血鬼一般，周期性衰败，然后再以新的伪装重新崛起。人们不断地说资本主义会永续更新。我们可能听过一句格言，那些后现代主义学者或其他学者不知疲倦地感慨——想象资本主义的末日甚至比想象世界末日还难。当整个社会都充斥着这种消极情绪的时候，南方世界和其他地方还有数以百万计的人，他们的政治想象力还没有那么狭隘，那么受限。在2008年国际金融危机之后，一些人通过分析认为，这场游戏即将结束：资本主义没有更多的牌可打了，价值生产遭到了无情的侵蚀。例如，已故的罗伯特·库尔茨（Robert Kurz）认为，从20世纪70年代开始，资本主义曾经吹嘘要以服务业为引领、向信息经济转型，但后来这个转型并没有展现出所吹嘘的那些特点，也未能开启一个新的资本积累阶段。[3]在库尔茨看来，2008年的国际金融危机和微电子、计算机在全球经济中的主导地位有着密不可分的联系。他指出，当工作和工作时间不再是财富的主要来源和衡量标准时，资本主义就会遭到致命的削弱。正如他的一位采访者所总结的那样，“为资本主义下金蛋的母鸡——劳工，开始消亡了”[4]。当技术不仅提升人类生产力，还要取代人类生产力的时候，资本主义就开始走向衰竭。

在沃尔夫冈·施特雷克（Wolfgang Streeck）看来，资本主义正处于解体过程的晚期阶段，社会秩序“处于持久而失范的混乱之中，灾难日复一日地发生，在这些灾难的重压之下”[5]，资本主义终将分崩离析。他看到了一种资本主义末日的混乱状态，在这种状态下，社会不再拥有稳定的体制，不再能够“保护个人免受各种意外事故的伤害”。还有学者强调，资本主义的外部限制决定了资本主义注定崩溃。几年前，大卫·格雷伯（David Graeber）注意到，“资本主义作为一个无限扩张和积累的引擎，从这个定义来看，无法在一个有限的世界中一直持续。既然印度等国都正在作为全面的玩家积极参与世界上的各种活动，我们有理由相信，最多再过40年，该体系将达到其物理极限。届时不管这个体系会变成什么样子，它都绝对不会是一个无限扩张的体系。将来的那个体系一定不会是资本主义，一定是别的什么体系。然而，我们不能保证这个东西会更好，它可能会更糟”[6]。

随着经济增长和财富积累越来越难以持续，根据各种资本主义社会形态构想出来的“进步”都已经淡去。在近200年的时间里，这些构想出来的假象，一直在维持一个痴心妄想，即人们认为物质的丰富和科学的进步会带来社会繁荣，进而可以造福每一个人。[7]如今，资本主义进入晚期，现在的它有一个显著的标志，那就是不再对更加美好的未来做出什么实质性或可信的承诺。有些人认为，从20世纪90

年代开始出现了一种新的历史观，通常被称为“现在主义”（Presentism），并开始取代过去两个世纪的各种“未来主义”（Futurism）。[8]现在主义的元素，包括所有旨在废除时间或实现“实时”运行的技术创新。这些技术创新赋予“现在”特权，并形成一种幻觉，即任何事物都具有即时性和当下的可用性。比如，每一项服务或产品都应该是“下单”即可获取。但这需要有个前提，那就是必须摆脱空间、材料或时间的限制。还有一个现象，就是利用计算机进行风险分析、预测和模拟，来确定各种可能出现的结果，从而将不确定性降到最低；从某种意义上讲，这就意味着在未来发生之前，未来就已经被占领和掌控了。

对于全球主要的大国来说，他们能接受的未来，只能是对当前体系的强化和延续，一切无法预见和不确定的情况都要减少和避免。可以说“现在主义”并不是什么新鲜事，资本主义一直在用类似的方法为人们制造着短暂的体验。20世纪60年代，法裔匈牙利社会学家约瑟夫·考贝尔（Joseph Gabel）揭露了资本主义如何站在了历史进程的对立面，通过一个个时间点标记来维持当前的社会经济体系，并把这些时间点标记称为“进步”。“人们将特权体制视为完美的、超越时间的”，因此它也必然不会被推翻或发生质的改变。考贝尔写道，在一个物化的技术官僚社会中，“坚决不能把历史理解为一个充分展现了人类创新性和自发性的进程。其结果是，改变作为无法否认的事实，在这种即时性的意识指导下，被迫成为一场灾难”。[9]

有一个平庸的观点：我们的未来被攥在少数强大的企业手中——无动于衷地接纳这个观点，正是我们当前所面临危机的一部分。企业要维持利润、确保自身发展，并根据这个目标来决定建设哪些生产线。这样一来，企业成了官方的未来学家，左右了我们对未来的期望。根据《韦氏词典》（*Webster's Dictionary*），“未来学”（Futurology）和“未来学家”（Futurologist）这两个词首次出现在1946年。这种专业界定出现在第二次世界大战后并不是偶然的。当时，美国凭借其军事和经济方面的优势，管控并重塑了支离破碎的战后世界。面对未来的裁军和国际合作，为了抢先做出设定或者预防分歧，一门伪科学应运而生，它的任务就是要对不久的将来进行定义，使其符合美国公司及其帝国野心的需求。其实未来学的一些观点可以追溯到19世纪，但1946年是转折点，就是在这一年，官方专家、智库、经济预测者和畅销书作家剥夺了大众对未来预期的表达权。当然，由精英们描绘技术官僚式的未来，对于大众来说并不新鲜。但从19世纪20

年代的亨利·德·圣西蒙（Henri de Saint-Simon）到第一次世界大战后的瓦尔特·拉特瑙（Walther Rathenau），横跨一个世纪，这些经济及社会理性化的倡导者在展望未来时，总是想减轻其中的劳动压迫、减少社会的不平等。在20世纪20年代，威尔斯（H. G. Wells）曾经描绘过一个未来，那是一个民主的世界联邦，有裁军和普及的教育，甚至对私营企业还做出了某些限制。[10]

然而，随着战后消费社会（post-war consumer society）的飞速发展，人们已经完全无法想象未来会出现社会关系的改变。在战后的消费社会中，必须将未来想象成一个科技不断进步的社会，这样才能适应消费者所需的新的市场要求，但同时现有的政治和经济等级分层还会维持不变。在某种程度上，原子时代（the Atomic Age）的到来也带来了新形式的全球恐怖活动和大规模死亡，所以不得不将其重新包装和改造。通过一系列承诺给人希望，承诺人们可以获得更多的财富和休闲时光，而支撑起这些承诺的则是那些所谓的“清洁”核能、自动化技术、IBM大型计算机等高科技发明。从科幻小说作家亚瑟·克拉克（Arthur Clarke）的作品中，我们可以看到，自威尔斯1920年的作品问世以来，人们的思想发生了多么大的倒退。20世纪50年代末，克拉克是大众

“未来学家”的先驱。他的非虚构类畅销书《未来的轮廓》（*Profiles of the Future*）写于1958年至1961年，大部分内容最初发表在《花花公子》（*Playboy*）杂志上。这本书代表了当时人们对未来世界的主流构想。在当时这本描绘未来的书中，未来世界里全是一堆彼此之间毫无关联的科学、医学和技术创新，虽然有诸多创新，但却默认现有的社会秩序不被改变。对于保守的科幻作家和像克拉克这样的未来主义者来说，引发社会激变的只能是超自然的事件，比如超智能外星人的到来，或者人类进化成一个摆脱肉体束缚的主宰。

到了19世纪70年代末，出现在克拉克和同时代作家作品中的那些激动人心的情节（如火星殖民地、光速旅行、瞬间移动、海豚说英语等）逐渐式微。取而代之的是一些不太能吸引人的预言，充其量也就是经济预测，只不过在修辞上夸张一点。无论是1970年的《未来冲击》（*Future Shock*），还是1982年的《大趋势》（*Megatrends*），这些书中的未来不过是一个关于后工业时代或信息经济中赢家和输家的故事。当时的流行语是去中心化、网络、非线性系统和全球化。在这些夸夸其谈的背后，是一种反乌托邦式的预测，在这个世界里，自由市场的无序变化能够决定一切。在过去的10年里，这种对未来的短期预测增多，但几乎完全是对具体技术创新的预测，以及对机构和投资者影响的预测。例如，最近出版的一本书，名字叫《两秒钟的优势：我们如何通过预测未来获得成功》（*The Two-Second Advantage: How We Succeed by Anticipating the Future*）。这个名字充分体现了未来学的现状，思想狭隘得足以引发人们的幽闭恐惧症。

当然，当时那些“官方”未来主义者对未来的预想也面临着巨大的挑战，特别是在20世纪60年代和70年代初全球动荡的时期，也包括1989年至1991年全球发生的大事件。现在，我们回头审视苏联的解体，很像一些影响巨大且今后不再发生改变的故事情节：历史已经终结，这个世界将是坚持市场经济的民主国家的单极世界。人们很容易忘记这些事态发展的利害关系。苏联解体，瞬间失去对东欧的控制，所有的这些都发生得如此出人意料。人们不免会认为，那些表面看似牢不可破的政治权力，背后可能是一个脆弱的“纸牌屋”。对于美国和西欧的领导人来说，尽管他们在幸灾乐祸，但这也是一场非常危险的政治巨变，他们需要采取一定的补救措施。20世纪90年代初也是一个短暂窗口期，“冷战”的结束似乎必然带来所谓的“和平红利”（peace dividend）。世界各地的人们都在期望，以前浪费在战争上的大量资源，现在终于可以用在其他地方了。人们的集体社会意识卸下了重负，希望被重新点燃，相信一个不一样的世界即将到来。乌托邦式的想象和实践虽然已经伤痕累累，但至少在这一段时间恢复元气了。

对于西方这些新霸权国家的管理者来说，必须立即打消或者转移人们对“和平红利”的期望，无论它以什么形式出现。大家期待的那个更加平等、没有战争的社会就此变成了一个迎合新自由主义主张的世界。20世纪90年代早期，万维网（the World Wide Web）开始普及，一些有关网络空间和虚拟现实的荒谬言论也随之出现，使人们接受万维网这一新鲜事物。在庆祝全球化的同时，互联网被誉为“通往新时代的门户”，人们迎来了一个互通互联和充满机遇的新时代。在20世纪90年代，通过一系列新的高科技战争，美国对科威特、伊拉克、索马里和科索沃/塞尔维亚进行了灾难性的军事干预，让人们彻底忘掉了“和平红利”这件事。

对于东方人来说，要建设一个没有官僚威权主义的社会主义社会，表面上看有机会，令人振奋，尤其是在德意志民主共和国（东德），但这一机会很快就被扼杀了。在斯维特拉娜·阿列克谢耶维奇（Svetlana Alexievich）的口述历史《二手时间》（*Secondhand Time*）中，她说很多俄罗斯人都感到资本主义价值观几乎在一夜之间强加到俄罗斯身上，充满了残忍和无情：

> 他们把俄罗斯变成了一个到处是破布和过期药品的西方垃圾场……苏维埃政权，对我们来说也许不是最好的，但总比我们现在的状况要好。至少那个时候没有过分的贫富差距，没有乞丐和弃儿。老人可以靠养老金生活，不用在街上捡瓶子，捡剩饭吃……我那“可怕的苏联教育”教会了我要顾及别人，而不只是为了自己。[11]

30年后的今天，媒体和技术公司不停地推销新的产品、系统和服务，充分证实了我们期待的社会并没有实现。我们不断地被洗脑，被告知一定要买什么，到什么时候一定要买新的进行替换，不然旧的产品就过时了。而且，这些公司还用一种含蓄的方式告诫消费者，不可能逃脱这些消费圈套，不然什么样的期望都将毫无意义。随着资本主义进入最后的阶段，新自由主义财政紧缩政策和环境破坏已经使这个星球变得面目全非。科学技术发展可以帮助人类实现和谐平等的社会目标，这个谎言已经不攻自破。资本主义认为人类和机器将一起进化，并最终融为一体。除了极少数的狂热分子，这种曾经盛极一时但又极其荒谬的预言，已经被世人唾弃。

目前，最受人们关注的技术创新领域包括人工智能、机器人技术、神经科学、增强/虚拟现实、自动驾驶汽车、纳米技术、基因组学和物联网。单看这些领域的话我们不会觉得有什么，但把它们放在一起看的话，就会有一种窒息感。世界已经被这些技术占领，人类的自我管理能力和创造力已经退化。人工智能、机器人和物联网的不断推广，对人类而言是一种绝望的宣告。作为一个能够工作的、鲜活的主体，人类处在技术系统的边缘，而且对许多人来说，还因此陷入欠债、饥饿、疾病和贫困的窘境。

哲学家君特·安德斯（Günther Anders）在20世纪50年代写道，现代科技文化的终极目标是建造“一个没有我们的世界”。他并不是说人类将消失，而是指随着自治系统的不断发展，人们不再需要对任何基于人类社区的需求做出决策。安德斯观点的独特之处在于，他认为，自从人们在第二次世界大战中使用核武器以来，核武器已经成为一项很具代表性的技术，因为它们有绝对的效率，因为它们在不断揭示人们可以蔑视甚至随意践踏万物生灵，因为它们完全背弃了人类和自然世界的所有需求。[12]

在最近发明的5G网络中，“物与物”之间的数据流（而非人与人之间的通信）占压倒性优势，进一步体现了这种蔑视。数十亿台机器正在“相互交流”，恰恰表明“交流”这个动词已无实际意义，其词源丰富的社会意义已经退化。不同设备和网络之间流数据计算能力的不断提高，配备了传感器的设备也能够自主运作，并根据用户行为反馈，不断调整、更新数字应用设备的功能，以供人们更方便地使用。既然机器已经有了如此高的计算速度，那么人类进行思考所需要的时间就显得毫无意义。我们正越来越接近 *Tiqqun*（编者注：*Tiqqun* 是法国—意大利的极左无政府主义哲学期刊或杂志，于 1999 年至 2001 年发行了两期。）学派所描述的计算机控制范式的现实化。

> 无论是个人还是集体，计算机会对主体进行彻底的新建构，其目的是把主体掏空。这不再是像自由主义假说所要求的那样，把主体从传统的外部联系中分离出来的问题，而是剥夺了主体的所有实质。每个人都将成为一个没有血肉的皮壳，一个无限反馈回路上的位点。[13]

公众以为这些创新可以方便生活和工作。有句话说得好，在一个“智能”环境中，“在你还没有想到之前，科技已经为你做好了一切”。这正是危险所在：人的思想被剥夺了，人曾经被理解为内在和意志的东西消失了。人工智能驱动的物联网（the AI-driven robotic Internet of Things）是否能够实现，现在已经不那么重要了。重要的是它揭示了人性是可有可无的，进而导致堕落和希望破灭。一个人等待这样的未来，就如同是在等待死亡。

路易斯·苏亚雷斯－维拉（Luis Suarez-Villa）剖析了21世纪的企业如何将整个社会变成一个巨大的实验室，以实现技术资本主义（Technocapitalism）的目标，即“全方位征服和殖民人类生存，甚至是整个自然”[14]。他认为，当前企业夺取社会权力的目标之一是干涉大众消费习惯，使社会中每一个个体都与企业利益不相违背。生物药理学（Biopharmacology）和神经营销学（Neuromarketing）方面的新进展就是这一实验主义（Experimentalism）的成果。这句话听起来有点夸张，但想想写在世界经济论坛（World Economic Forum）网站上的这句话：“第四次工业革命是首次让技术工具真正嵌入我们的身体，甚至在基因构成层面有意地改变我们的身份。完全可以想象，经过一代人之后，人类自身将会有各种形式的改造，而且这些改造可能很复杂。”[15]这个目标非常狂妄，想要将人类生物学与信息技术结合在一起，它揭示了企业的野心，驱使着他们不断向前，但实际上不可能走得太远。哲学家费德里科·坎帕尼亚（Federico Campagna）曾说，生物和正在发展的信息网络之间存在着巨大的差异，强行将两者结合在一起会带来严重后果。他写道："在大数据系统（Big-Data systems）和技术方面进行前所未有的巨量投资，是基于这样一种信念：任何在本质上有关联的东西，都可以或至少可能被简化为一组数据语言。一个活着的人如果拒绝或不能进行这种简化，就会立即被剥夺所有生存所需的合法权利。”[16]

人工智能（AI）和量子计算（quantum computing）新功能的开发和部署，让银行和金融业、安保和情报机构以及军方成为最大的受益者。这些领域都需要处理大量数据，而且对处理数据的速度和风险分析、自动化决策的能力有很高的要求，因为它们在这些领域的成功和全球主导地位至关重要。5G网络的建设可以帮助军方实现“全谱优势”（full spectrum dominance）的目标，军方将所有陆、海、空和卫星上的网络连接成一个巨大的通信组合。这说明安德斯所批判的无须人类的科技未来是能够实现的。以后企业家们无须雇用劳动力便可创造巨大财富；军方也可以策划电子战争，无须投入真人士兵；社交媒体使用的机器人在数量上远超在后台操作的真人。这些工具主要用于掠夺和窃取社会财富和自然资源，绝不会为社会公共利益服务。当然，如果一毫秒内就能下载完数小时长的视频，姑且把这算作大众服务吧。人工智能逐渐成为全球金融发展的主要推动力，军方正在建设能够自主指挥战争的平台，如果我们把这些说成是“人工智能将造福人类”，简直是一种嘲讽。“大数据”和人工智能只会在全球范围内加剧现有的不平等，并加速新武器的研发。

有人担心，人工智能、5G网络和物联网独具的功能会整合成一个平稳运行的全方位体系，它可以控制整个社会。但这种事情是不会发生的。实际上这些系统以后会是相互掣肘、互不兼容的，它们被硬拼在一起，最终只能导致运行不畅、宕机和效率低下。另外，资本主义的逻辑是，通过周期性淘汰、不断更新的技术、成本削减和系统升级，不断打破原有的秩序，这与专制社会维持社会有效运转所需的稳定背道而驰。对数字监控和监管的全面化未来的恐惧预期不仅被夸大了，而且生活在恐惧中的我们很难认识到，在这样的情况下，我们完全有自由拒绝那些巨头的指令，并选择另一种生活方式。

根据20世纪中期技术派未来主义者的说法，如今的人类应该是在流光溢彩、没有贫困的城市里幸福地生活，城市间有高铁互通，有自动化的工厂为人们提供丰富的物质，还可以去火星上度假。但眼前的现实是，我们生活在一片衰败之中，各种年久失修的设施存在着安全隐患：减配导致喷气式客机坠毁、供水系统被污染、电网故障、石化厂爆炸、海平面上升威胁到核反应堆等。不可回收的废旧太阳能电池板和风力涡轮机堆积如山、无人驾驶汽车因系统故障撞死行人，还有热那亚的莫兰迪大桥和迈阿密公寓等老化建筑的倒塌，预示着其他数以万计的混凝土建筑，也将随着内部钢结构的腐蚀而倒塌。用艺术家罗伯特·史密森（Robert Smithson）的话说："人类制造了一个个系统，希望却一个个破灭。"[17] 这样的例子在我们身边比比皆是。工业资本主义建造的世界正在迅速衰落，如今的互联网复合体又增加了物联网，它们在竭力掩饰自己对这个资本主义世界的依赖——一个正在垮掉的工业资本主义世界。和所有宏伟的提案所描述的情况正相反，那些在20世纪建立起来的早已破败不堪的基础设施，永远不会有重大的修复或替换。

任何对后资本主义物质文化的有效想象，都必须面对现代技术与现代科学制度构成的不可分割的关系。目前，大家对“科学”和权威无可置疑的“科学家们”都致以崇高的敬意，因为我们认为将来要靠他们把我们从气候危机中解救出来。科学是生物圈遭到破坏（包括全球变暖）的主要因素之一，现在它却被如此神圣化。这种荒谬，虽然大家都心知肚明，但却不能公开承认。科学，享有极高的地位，如今又成了探索真理的主要途径，凌驾于经济利益或社会决策之上，不受历史或意识形态评价的影响。全球的资本借科学之名获得合法性，并以科学为由头，继续对地球进行掠夺和破坏。气候学家和海洋学家出于公心公布了一些研究数据，但这些数据只是他们研究中很小且不重要的一部分。很多科学研究服务于企业和军方的利益，但他们以向大众公布的数据作为伪装，让民众以为他们以公益为目的，造福于人类。当我们对事物的认知被保守人士攻击时，我们的反应不应该只是盲目颂扬神话般的“科学”。这种懦弱的谄媚是一种反智主义，与右翼分子信奉无知一样。对西方科学局限性的批判可谓汗牛充栋，但现在都已经无法引起人们的注意，也无人再会谈及。在过去的100年或更长的时间里，那些极具洞察力的哲学家、科学家、女权主义者、活动家和社会思想家对西方科学做出了种种批判。而当下，我们地球上的生命要想生存，就必须重新激活这些批判，让人们重新认识到，西方科学是如何把我们带到当前的境地——一种灾难性的甚至是即将走向终结的境地。

与许多左翼人士不同，法国理论家雅克·卡马特（Jacques Camatte）在20世纪70年代初就了解了“科学”的本质。在他眼中，“科学”既是资本主义的仆人，也是资本主义的神。他明白，科学已经完全变了样，它现在的目的就是“要研究一种适应机制，将人类和自然吸纳到资本主义的生产活动之中”[18]。第二次世界大战后，军方和企业全面掌控了科学研究，抹掉了科学和技术之间的重要区别。让-弗朗索瓦·利奥塔（Jean-François Lyotard）观察到，资本主义的技术科学是对现代解放运动的否定，不再幻想人类理性中还存有仁慈。[19]一直以来，科学的方法依赖于通过技术制造人工的、脱离外部环境的孤立对象来从事科学研究。自然和人类被简化并同质化为技术科学的抽象概念。事实上，早在17世纪，西方科学就为种族主义、厌女症，以及起源于欧洲后来蔓延至北美的种族灭绝殖民计划提供了理论依据。

阿尔弗雷德·诺思·怀特黑德（Alfred North Whitehead）详细阐述了技术科学崛起的一些历史条件。他指出，在19世纪，曾经公认的科学在本质上发生了改变。当时人们认为，科学研究要想有意义或有价值，它就必须具有制造某种应用、产品或实用技术的潜力。“19世纪最伟大的发明，”他犀利地写道，“是发明方法的发明。科学不是通过原则来定义自己，而是通过结果来定义。科学已经成为一个各种实用主义的点子仓库”[20]，实用主义指向非常明确，就是那些商业的、能够挣钱的应用。怀特黑德注意到，19世纪后期科学家们已经能够将抽象的知识、技术和源源不断的创新结合在一起。他特别指出，德国是第一个实现“技术进步无限可能”的国家。1925年，怀特黑德在哈佛大学的洛厄尔讲座（Lowell Lectures）中提出了这些观点，但他太过温和，没有指出那个显而易见却没人道出的事实：这一“技术进步”，与工业资本主义的崛起及其贪婪的需求是分不开的。现代国家资本主义（state-capitalism）对科学的要求（怀特黑德、马克斯·韦伯、赫尔穆特·普勒斯纳等人在20世纪20年代就已经做出界定），和一波又一波的“应用”潮，已经把我们带到了灾难的边缘。[21]目前，对“科学”进行歌颂，就是一种混淆视听的手段。目的是不让人认识到，西方科学和资本主义是紧密结合的。这是一种灾难性的结合，同时给人们一种错觉：“科学”将把我们从“科学”自己制造的灾难性成就中拯救出来，当前不断瓦解的地球系统就是它突出的灾难性成就。

这样的例子不胜枚举，比如，合成的化学物质毒害着空气、水、土壤、海洋和每一个生物体，这无疑是资本主义技术科学最持久的“成就”之一。该对此负责的人不仅仅是公司高管，还应该有科学家。他们对塑料、除草剂、杀虫剂和石化化肥给生命系统造成的毁灭性伤害负有直接责任，对12万种化合物（还在逐月累积）的毒害负有直接责任，这些化合物充斥着我们的生活和周遭环境。生产这些化合物的目的无非是提升制造和技术加工的水平，包括在军事方面的应用，同时也是千方百计地为了加强日常生活和商业中那些不必要的“便利”。全球工业复合体需要源源不断地推出新产品，在自身结构上却无法有效地进行自我限制或自我规范。技术科学把世界变成了一个巨型垃圾场，这种情况是不可以避免的，将来也不可能纠正过来；这是执行焦土政策的资本主义带来的必然结果。当人们评判合成生物学、纳米技术、社会机器人和自主武器系统等领域的有害创新时，对“科学”的狂热崇拜只能被理解为对正在进行的对生机世界的攻击的屈服。哲学家让-皮埃尔·迪皮伊（Jean-Pierre Dupuy）认为，“如果相信科学和技术能够解决由科学和技术造成的问题，这样的人就没有从现实的角度去思考未来”[22]。

2013年，谷歌成立了一个名为Calico的新部门，即加州生命公司（the California Life Company），这是技术科学向未来发起进攻的一个标志。这项研究和开发项目的发起人称，其目的是“探索生物学以控制寿命”和解决有关衰老的“难题”。尽管许多基因和生物科技公司也在研制并向市场投放一些抗衰老药物和疗法，但谷歌的参与值得关注，因为它参与的原因与众不同，而且引起了不小的轰动。比如，《时代》周刊（*Time*）的封面用谷歌公司的商标字体摆成了一个问题：“谷歌可以解决死亡吗？”《时代》周刊的一篇文章引用了一位谷歌高管的话，他说在谷歌辉煌成就的基础上，“我们终于要解决衰老问题了”。他还声称人类的寿命可以长达500岁。谷歌是否能成功地将长寿产品推向市场已经无关紧要了。作为一个浏览量如此之高的媒体公司，谷歌公开承认可以对生物的生命进行更广泛的新自由主义金融化，其本身的意义就十分重大。谷歌仅仅只是其中的一个参与者，还有很多参与者为了数据处理和资本积累，正在将人类的生命重新概念化并转变为数据模型。

抑制衰老就是把生命想象成一种不断膨胀的当下，它的时间停滞了，不再受到衰退或变化的影响。几千年来，生命的有限性赋予了我们存在的意义、激情和目的，也赋予了我们爱他人和依赖他人的方式。贬低人类的有限性，鼓吹长寿成为富人们通过生物技术所追求的目标，是对所有超出了资本主义的贪婪以外的价值观和信仰的摧毁。随着资本主义打起了将“生存的时间”金融化的主意，对“未来”的商品化和私有化现在已经很直截了当了。一个抗衰老的产业激起了人们的焦虑和恐惧——人与人之间相互支持的社会形态已经被削弱或消除殆尽，生活在这样的世界里的人们，对脆弱和依赖产生恐惧。即使在最低限度的福利国家规定下，因为老年人口相对的非生产性和消费性的减弱，老龄化也是资本主义的一个结构性问题。如今，人的“老化”让人感到生命是不稳定的，可能会随时被抛弃。在理论家梅琳达·库珀（Melinda Cooper）看来，“新自由主义试图从生活机会的无序分配中获利”[23]。有组织的暴力事件和社会贫困已经蔓延到每一个角落，谷歌推出的这些雄伟蓝图忽视了各地之间的巨大差异，非常令人痛心。而这些差异，正是当前事关温饱和生存最紧迫的危机。在许多西欧国家和日本等国，人的平均寿命为80多岁，相比之下南方世界数十亿人的平均寿命要短二三十年。在孟买、拉各斯和里约热内卢的贫民窟里，男性的平均寿命不到40岁。经过这样的对比，可以说老龄化不是一种普遍的现象，也不是不可避免的，而是地球上富裕阶层“生活方式”的问题。如今，在美国和其他一些地方，三四十岁“绝望致死”的人数激增，吸入过量的毒品和酒精，或者自杀。所有这些都是贫困、债务、孤独和抑郁等日常痛苦造成的后果。

正如社会学家齐格蒙特·鲍曼（Zygmunt Bauman）所写的那样："死亡，是对现代性的勇敢新世界所代表的一切的强烈否定。"[24]这个事实对全球亿万富翁们来说是非常难以接受的。这些亿万富翁，总认为自己无所不能。对他们来说，死亡的必然性似乎不可理解，而且出奇的不公平。短暂的寿命和巨大的财富之间的落差，导致他们无法平息自己的愤怒。他们意识到，金钱实际上并不能买到时间，买不到无限的时间让他们敛财和追逐虚荣。因此这些超级富豪开始急切地资助长寿方面的研究。20世纪20年代，大亨们纷纷前往塞尔日·沃龙诺夫（Serge Voronoff）的诊所，接受他的猴腺"回春"疗法。到了20世纪70年代，一些人开始选择低温冷藏，他们希望自己的身体和资产都能被冷冻起来，直到未来的某个时候再启用。如今，在硅谷等一些地方，亿万富翁们正在追求一种超人类主义（Transhumanism）的幻想，即大脑可以被上传到电脑上，以获得某种生物力学上的永生。20世纪60年代，西奥多·阿多诺（Theodor Adorno）将技术爱好者描绘成病态的操纵者：他说，那些迷恋技术的人是"冷漠的人"，他们从不知道爱、快乐或同理心为何物。"这并不是说（人）必须多愁善感或者循规蹈矩，这里说的是一种人与人之间本能关系的缺失。这些人是极度冷漠的，在内心深处，他们否认爱的可能性，在爱还没有展开之前就把它从别人身上撤回。他们身上残存的那么一点点爱的能力，又都被他们放到了各种设备上。”[25]阿多诺指出，“每个时代的主导力量，都会制造出它在社会上所需要的个性”。

正如诺尔曼·布朗（Norman Brown）在《生与死的对抗》（*Life Against Death*）中所写的那样：“人如果无法接受死亡，就会导致主动选择死亡的愿望，这是一种病态……要想适应死亡，就必须把自己的生命变得毫无生气，死气沉沉。技术世界充满了各种形式的得过且过。自然和人性也以破坏性的形式回馈人类。”[26]这既是对亿万富翁寻求长生不老的前瞻性预测，也是对我们被整合到物联网等系统中的前瞻性预测。诚然，延缓衰老相关的行业和产品只是一个夸张的例子。将思维的图像上传到电脑上，只不过是寿命的一种隐喻延伸。生活在物联网让人应接不暇的各种参数之中，用头戴式显示器，通过机器人的声音进行对话——这是一种脱离了生活环境的生活，切断了人类之间、人类与动物及其他物种之间的基本依存关系。

布朗采用精神分析法对技术主导下死寂的社会现状进行

了分析。他预测出兴起于20世纪60年代且影响深远的一股反主流文化潮流：对夺命的体制、机制及其带有压迫性质的要求说“不”。那个年代的艺术家、作家和电影制片人展示的是一个破碎的社会世界，以及活在其中的情感代价。托马斯·品钦（Thomas Pynchon）1963年的小说《V.》（*V*），探索了从19世纪晚期开始的无生命的事物对个人和社会经验的渗透和影响。书中的一个角色全程重复表达着一个主题：“从远离人的属性那一刻起，我们就开始堕落。我们堕落得越深，就越不像人。因为我们越不像人，我们便把我们失去的人性，强加于无生命的物体和抽象的理论之上。”在威廉·巴勒斯（William Burroughs）的《新星快车》（*Nova Express*）一书中，他的“时间—金钱—垃圾的众神”（gods of Time-Money-Junk）预言了今天的硅谷精英。他们将语言和图像工具化，然后这些工具化的语言和图像变成“一种病毒去攻击动物的情感生活”，这种病毒削弱人的各种欲望，使人只有一种单一的成瘾且形成自动化惯性的欲望。菲利普·迪克（Philip Dick）20世纪60年代中期完成的小说有《火星时间穿越》（*Martian Time-Slip*）和《帕尔默·埃尔德里奇》（*Palmer Eldritch*）。《帕尔默·埃尔德里奇》探讨了在充斥着媒体和商品的现实生活中，“一种奇特的、邪恶的抽象事物”给人性带来了重创。迪克在《帕尔默·埃尔德里奇》中详细讲述了精神分裂症患者的人格解体，这种人格解体是由于本我与人满为患的空间相冲突，以及本我与缺乏同理心的其他人相冲突。

也有人把世界本身想象成一个无生命的星球，从安娜·卡万（Anna Kavan）的《冰》（*Ice*）和巴拉德（Ballard）的《水晶世界》（*The Crystal World*）两本书的书名就能看出来。巴拉德在他的故事中探索了一些关于技术瘾的病理。故事讲述了欧洲人移居到一个不知名的西非国家，在那里发现了宇宙中出现了某种异常现象，把所有的生物都变成了美丽但无生气的晶状体，甚至包括人。巴拉德小说不落俗套，没有为了阻止晶体状体在地球的蔓延而开展一系列英勇斗争的故事情节；相反，他笔下的人物似乎有点好逸恶劳，不可抗拒的结晶以及这种现象似乎意味着"对时间的免疫"吸引了他们。早于巴拉德10年，君特·安德斯就提出，人们会被"自我物化"所吸引，希望"减少甚至消灭人类所有其他形式的弱点，以至于人的各个方面不会有任何退化"[27]。这些观点和想象与20世纪60年代对消费资本主义和技术官僚现代化的批评不谋而合。它们都表明，新自由主义全球化带来的社会和心理灾难早已有之，从许多方面来看，这是19世纪晚期以来资本主义固有问题的进一步加剧。马克斯·韦伯

（Max Weber）在1904年预测资本主义将以“机械式的僵化”而告终，也是在提醒人们注意那些早已显而易见的事实。

尽管技术现代主义者主要是受犬儒主义（Cynicism）和机会主义（Opportunism）的驱使，但有些人仍然怀念以城市为基础的“机器时代”。他们怀念的主要是20世纪早期到中期。在这一阶段，对于一个机器驱动的世界，无休无止的技术进步和城市发展看似是历史的必然，当时的人们还相信它对未来救世主般的美好承诺。技术现代主义和有关的幻想能够出现的历史渊源之一，是欧洲新知识阶层和行政人员的出现，他们的自我认识中包含了对不断扩张的大都市环境的认同。当时关于现代城市形象的各种描述中有一个共同的元素：对农业生活的否定和抹杀，包括农业生产的各种劳动形式、农民的生活节奏和人际关系等各个方面。从19世纪50年代开始，实现现代化或国际化，就意味着要改变很多东西，其中最重要的是要脱离质朴的乡村生活，一切与之有关的东西都要一刀两断，如泥土的芳香和质地，肥料，农庄，动物，以及有机培育过程中的所有沉浸式体验。另一件重要的事，就是要把自己从农场主有限的视野和追求中脱离出来。这不仅仅是对农民、农村或农业的蔑视，也不仅仅是一种另类优越感的表达；它是技术官僚梦想的开始，他们要围绕工业生产和理性化决策组建一个人造的世界。

要想让人们接受这些关于城市的幻想，就必须把城市新陈代谢所产生的废物掩盖起来。从这个意义上说，在建设大都市时，出发点就是基于“对有机代谢处理过程的深深蔑视”[28]。因此，在20世纪早期，在室内安装管道、现代化的下水道，动物屠宰场的迁址，医院负责帮助市民分娩和处理尸体、实施工业化农业等，这些都是人口众多、光鲜亮丽的城市在把废物隐藏起来的过程，这一过程催生了机器时代的到来。无论是勒·柯布西耶（Le Corbusier）的“生活机器”（machine for living）、密斯（Mies）的图根哈特别墅（Villa Tugendhat），还是休·海夫纳（Hugh Hefner）满是小电器的顶层单身公寓，很多地方都展示了人造环境的优雅，表面上可以随心所欲，与生命系统完全割裂。与此同时，非市场空间、无竞争力的商业企业和非金融性活动日益被边缘化。

殖民地大量使用奴隶劳工，开展新的“乡村全球化”（global countryside）运动，带来经济流量，供养城市中心，由此导致了城市和农村之间的脱节进一步加剧，这种情况在英国和法国尤为突出。印象派画作描绘了郊区化的大自然，非常适合作为大都市房屋中的装饰品。对大自然这样的描绘在很大程度上掩盖了农业劳动的痕迹，是新的城市思维模式的具象体现。波德莱尔（Baudelaire）对枫丹白露森林（Fontainebleau Forest）中的古树保护进行嘲讽，称那些古树为“神圣的蔬菜”；蒙德里安（Mondrian）对自然的杂乱无章有一种生理厌恶。这些我们熟知的观点虽然肤浅，但却是现代主义所推崇的城市世界的例证。不过波德莱尔很早就意识到生活在新兴大都市会付出的精神成本。曼弗雷多·塔富里（Manfredo Tafuri）说过生活在大都市的人们会有“城市活力的痛苦”，这是指现代经济和技术进步对人类希望和价值的无情漠视。波德莱尔在《恶之花》（*Les Fleurs du Mal*）的诗句中也表达了类似的观点。尽管如此，他仍然坚持他的反自然立场，并相信城市的割裂和封闭是必然的，且无所不包。评论家瓦尔特·本雅明对此讽刺道，波德莱尔“与无机事物的共鸣是他灵感的来源之一”[29]。现代城市自相矛盾之处在于：由惰性矿物质建设的城市表面，看起来经久耐用、坚不可摧，但想要不朽，却绝不可能，因为资本积累会产生太多的垃圾和破坏。

将城市与有机生产和自给自足的劳动隔绝开来的最具破坏性的尝试是噩梦般地覆盖了美国大部分农村地区的CAFOs（集中饲养牲畜）。这些现象展示出现代主义的阴暗面，即前现代农业实践的每一个方面都可以被消除或被重新创造为一个工业过程。在CAFOs等形式的工厂化养殖中，数十亿有灵性的动物被无情地圈禁起来，通过生化药物刺激生长，最终变成食物产品。各种废物、无休止的宰杀、不断扩大的粪池、被污染的土地和水，以及让廉价工人无法呼吸的污浊空气——依靠这个系统生存的人对这一切都视而不见，并感到无关紧要。现代性离不开人类与自给自足的生活模式进行的系统性切割，人类生存的栖息地和生态环境也势必遭到毁灭。

1853年，在奥斯曼男爵（编者注：Baron Haussmann，法国城市规划师，因获拿破仑三世重用，主持了1852年至1870年的巴黎城市规划而闻名）开始重建巴黎之际，罗莎·博纳尔（Rosa Bonheur）的画作《马市》（*The Horse Fair*）在巴黎沙龙展出。在巴黎城市空间划时代变革的前夕，这幅画显露出那个历史时刻的裂缝和波动。这幅约5米宽的作品描绘了城市和农村之间重要的互惠关系。它通过描绘城镇的集市，表现了几个世纪以来农村地区和城镇之间相互依存的关系：农村地区饲养动物，定期在城镇集市上进行交易。19世纪下半叶，城市和乡村之间的依存关系逐渐断裂，不管是在象征意义上，还是实际意义上，特别是西方现代化过程中财富与土地脱钩后。到了1871年，巴黎公社（the Paris Commune）的社员们在被敌军包围时恍然大悟，由于城市工人和农民之间的联系被切断，没有其他农民起义来支援他们这些在巴黎的工人。1927年，上海的工人武装也有类似的遭遇。

到了20世纪早期，《马市》和博纳尔的所有作品都遭到了世界各地人们的鄙视。与其他学院派艺术相比，《马市》这幅画受到了更多的批评，尤其是一些男性评论家对其嗤之以鼻。对他们来说，这幅画代表了一切不时尚和反现代的东西。甚至在最近几十年里，还会有游客在参观大都会博物馆时对作者和画作幽默地嘲讽几句，以此来彰显他们都市达人的身份。但是，一旦画作与现在已经过时的现代主义价值观拉开距离，它就可以回归其本来面目：一个具备多重时间性的事物，其存续和坚持指向了一个尚未出现的未来。尽管它在19世纪50年代受到资产阶级的钟爱，但这绝不是一幅落后的乡村主义（Ruralism）画作。受乌托邦社会主义（Utopian Socialism）教育的影响，博纳尔让《马市》这幅画介入一个竞争性的话语场中，并且创造了属于她所在时代和我们这个时代的符号。这幅画也有城市景观的元素——医院大道（the Boulevard de l'Hôpital）的铺路石在前景中描绘得很清晰，这就是集市举行的地方。这个元素让人想起，在这幅画创作的几年前爆发起义时人们用这些石头堆砌路障的情形，并暗示了这些石头在以后日子里的用途。

博纳尔画笔下的城市还专门呈现了沙普提厄庇护所（the Salpêtrière Asylum），它那圆形穹顶上男性生殖器一样的钟楼映衬在远方的天空之下。这个囚禁场所是性别二元论和特定身份人员管理领域的象征，是疯狂和理智的规范，是性别的规范，引申开来，也是人类和动物的规范。博纳尔对强制性的性别规范的逃避，促使她不愿在画中的马与人类饲养员之间设一个明确的界限，而且这幅画中的一个饲养员很可能是她的自画像。脱离了人与动物之间的等级关系，那些旋转腾跃的躯体构成了一幅活力四射的嘉年华，混合着热情和张力。这是一座尚未诞生的城市，它和机器时代造就的男性化的死地——在那里，动物性受到了压抑和排斥——完全不同。20年后，在铁路大亨利兰·斯坦福（Leland Stanford）的赞助下，埃德沃德·迈布里奇（Eadweard Muybridge）制作了马的计时摄影作品，这成了畜力被取代的视觉先声，取而代之的是那些毁灭生命的（蒸汽机的）运转和燃烧。

如今，在这个生死存亡的紧要关头，这幅画告诉我们：现在遭受破坏的城市要想拥有未来，取决于人类与其他物种，与非人类生命的合作，以及后资本主义生物多样性重建工作的进展。博纳尔笔下众多物种的轮廓，显示了未来城市生态系统的必要性，它将“不同的景观混杂在一起，躯体与躯体之间，时空与时空之间”[30]。1994年，法国南部肖维岩洞（the Chauvet cave）里又有了非同寻常的重大发现，有人在洞穴里发现了古老的动物岩画，包括马的形象。这也许是一个偶然事件，但在当前这个极度危险的时刻，也可以说这是一个带有预言意义的发现。3万年前的景象充分说明，人类只有和动物及其他非人类生物共存，才能够实现繁荣。

不管1848年欧洲各国的革命结果如何，其酝酿几十年之久的革命预期，就是要建立一个更加平等的社会，工人们实现自我管理，彼此之间互帮互助，消灭私有财产。1848年的工人运动激发了人们争取解放的希望，但与此同时，在加利福尼亚州发现金矿的消息传遍了整个欧洲，进而孕育了另外一种截然不同的希望，给人提供了追逐享乐的机会。前去淘金的大军当中，有六月起义（the June uprisings）失败的人，也有北美傅里叶（Fourierist）和伊加利亚（Icarian）社区的觉醒者。[31]正如恩斯特·布洛赫（Ernst Bloch）在《希望的原理》（*The Principle of Hope*）一书中解释的那样，一个人“是一个由各种各样、千变万化的驱动力组成的复合体，是一堆不断变化且大部分杂乱无章的愿望”。他还指出，驱动力本身是由历史决定的："在历史进程中，驱动力在不断变化，几乎没有一种驱动力保持不变。随着新事物的出现，不同的嗜好和激情被唤醒，对此没有人能够提前察觉。这股贪得无厌的冲动，虽然是后天形成的，但已经发展到与前资本主义时代格格不入的程度了。"[32]我们当代的亿万富翁文化的根源就是19世纪一夜暴富的财富积累方式，以及由此引发的欲望。人们不再重视相互关系和群体义务，转而去追求那些财务和符号化的资本。

正是在一个不断扩大的消费社会的不平等和阶级等级制度中，流行的财富梦想呈现出具体的现代轮廓——通常是出于同样根本性的贫困和屈辱经历。大仲马（Dumas）在1844年完成的《基度山伯爵》（*The Count of Monte Cristo*）之所以经久不衰，正是源于它引人入胜的故事情节：巨大的财富最终令背叛和不义之人受到惩罚，使错误得到纠正，这是一个百用不厌的故事套路。大仲马的这部小说讲述了主人公发现宝藏后，精心策划了一场复仇，报复了那些密谋陷害主人公致其被终身监禁的人。整个复仇故事都在讲述一笔巨大的财富如何让爱德蒙·唐泰斯（Edmond Dantès）从一个收入和受教育程度都很一般的水手，起死回生般地蜕变成一个无所不能、温文尔雅、富有贵族气质且多才多艺的富豪。这部小说始终流行的魅力在于，无限的财富可以使自我得以重塑，拥有多重身份，拥有他人所不及的阶层跃升能力、影响力和信息来源。与故事相对应的现实是财富形态的历史性变革，有形的金、银和宝石转变为现代的债务和信贷等金融工具，这些都是伯爵用来羞辱和战胜敌人的“武器”。

但是，《基度山伯爵》所唤起的白日梦揭示了这个世界残酷无情、竞争激烈的现实。在这个现实世界里，金钱和市场经济侵入了社会的各个方面，包括家庭和个人生活中最私密的领域。19世纪的另一类小说，从巴尔扎克（Balzac）到特罗洛普（Trollope）、加尔多斯（Galdós）和詹姆斯（James）都揭露了金钱破坏人际关系的残酷一面。这些小说具有启示性的一个原因是，它们观察到，当古老的、非货币化的准则和行为仍然存在时，资本主义价值观是如何得到加强的。到20世纪中期，资本主义塑造的行为和需求已经完全内化，而它的残暴和危害则显得无足轻重。

福楼拜（Flaubert）在1869年所著的《情感教育》（*Sentimental Education*）中，用无人企及的冷酷笔触讲述了在一个金钱至上的社会中，欲望和希望是如何被扭曲的。没有什么追求的弗雷德里克·莫罗（Frédéric Moreau）一天早上打开一封信，这是一封法律通知书，告知他是其叔叔巨额财产的唯一继承人。于是，他立即开始计算每年能从遗产中获得多少收入，并想象购买什么样的衣服、家具、礼物和马车。“这些画面涌入他的脑海，如此强烈，让他感到晕眩。”但他这种迷狂的期待，与其说出自他的贪婪和社会野心，不如说源于这笔财富能让他获得一个已婚女人的芳心。爱情和欲望被金钱的力量所玷污。这样的故事不胜枚举，我们还可以看到康拉德（Conrad）1895年完成的小说《阿尔迈耶的愚蠢》（*Almayer's Folly*）中的主人公：在殖民地婆罗洲（Borneo）一个不太成功的商人和女儿关系生疏。出于对女儿的爱，他徒劳地在森林中寻找一座失落的金矿，想依靠这座金矿帮助他回到欧洲，衣锦还乡。他想用对财富的狂热追求对自己里里外外已经破碎的生活进行补救，他的动机中夹杂着爱、贪婪、种族主义和怨恨。

尽管资本主义渗透到我们生活的诸多层面，但大多数人都知道，它并不必然会产生完全自私自利的人。然而，如果一个社会缺乏经济上的公平，不对其成员负责，那么追求财富就成为人们默认的道路，而人们对他人的关怀和爱则都会被引到这条路上。除了自己的愿望和追求以外，出于对孩子、伴侣或朋友等自己所爱之人的需求和匮乏的同情，让人开始铤而走险，幻想通过彩票、网上赌博等手段一夜暴富。

帕蒂·史密斯（Patti Smith）1975年创作的歌曲《意外之财》（*Free Money*）中的叙述者渴望中彩票所带来的满足感：有能力为她的爱人买到其所需要的东西。爱情不可避免地求助于金钱的幻想，是一个半世纪以来流行文化的核心主题。

求富计划总是伴随着各式各样的奇思妙想，但是，正如一些社会理论家所指出的，新自由主义全球化计划在各地催生出了各种“神秘经济”（occult economies）。[33] 金融资本的运作让人们觉得财富似乎是凭空而来，价值的创造无须工作或努力，让普通人觉得有一种“神秘力量”驱动着资本流向富人。每个地方都有鱼龙混杂的成功学信仰，各种形式的占卜、算命，或利用人的贪婪进行的金字塔式非法传销骗局。由于互联网的全球普及，互联网复合体已经吸收了许多这种神秘经济以及推动它们的情绪。互联网有无限的网络规模，而网上发生的一切都可以被量化，进而实现货币化。于是许多人就抱着一个模糊的信念，相信在线的可扩展性像彩票一样，会为一个商品化的“数字自我”提供创造财富的可能。但互联网的现实情况却是，它可以非常高效地将多数人的财富汇聚到少数精英的投资组合之中。

人们常说，亿万富翁并不是问题所在，他们只是市场经济的一个次要症状，市场经济的动态变化并不是由哪个人可以直接管控的。然而，即使这种说法合乎逻辑，全球亿万富翁阶层（有些人很快就会成为万亿富翁）的反社会行为也会产生一系列恶性后果。即便是最低限度的正义和民主准则，赢家通吃的文化也与之互不兼容。不仅如此，这种文化本身就是正义和民主消亡的代名词。全球金融框架缺乏有效监管，实际上已经无法无天。它吸引着一批新型的罪犯和精神病患者，赋予他们权力，对他们掠夺社会财富和自然资源极少做出限制，甚至没有限制——尤其是在当下。由于主流媒体把亿万富翁偶像化，那些处于阶级中间层的人只能以某种方式适应这个疯狂的社会现实，而那些处于全球底层的人则遭受着痛苦、掠夺和抛弃。

我们距离赖特·米尔斯（Wright Mills）在20世纪50年代提出的美国“权力精英”（power elite）已经很远了。米尔斯所说的是一个具有松散凝聚力、可以自我复制的社会阶层，他们在共同的社会化仪式和排他性的制度环境里的流动中，对财富的差异进行补偿。这个阶级受到了意识形态和政治需求的塑造，并抑制了自身对国民经济和工业的大规模掠夺和洗劫。从那时起，以净资产作为衡量标准，全球化便催生了各个领域的跨国亿万富翁精英。他们摆脱了很多法律限制，也不再需要承担任何责任，只在乎如何加速财富积累、如何巩固自己的权力。通过制度形式和华丽的外表，亿万富翁文化得以彰显，并被内化，构成了强大且有效的社会控制手段。这个高高在上的阶层与另外一个更大规模的精英阶层之间有一道巨大的鸿沟。这个精英阶层以直接或者非直接的方式服务于“权力精英”阶层。他们是管理层，深耕于法律、金融、媒体和娱乐、设计和时尚等领域，或就职于银行、研究机构、大学、各种技术公司等。这一群体中的大多数人并没有期待自己成为超级富豪，但他们对超级富豪的忠诚是不可动摇的，原因在于他们痴心于接近滥用权力和享有特权的圈层。这个表面上国际化的阶层与最高的精英阶层有着一种附庸般的关系，他们意识到，卑躬屈膝的忠诚以及对情感或同情的蔑视使他们获得各种好处。在世界上很多重要城市的重塑中，极端财富的铺张炫耀已经融进城市空间的物理结构之中。这样容易让人产生幻觉，以为自己跟这些富丽堂皇的环境有关系，并进一步加强了自己的顺从。然而，尽管城市孕育了这种附属关系，但这种关系存在于法外之地，脱离了所有的非精英社区或更广的社会现实。

重申一下，亿万富翁阶层的财富和权力在结构上与互联网复合体的关键元素相互关联。占据主导地位的媒体和科技公司掌握在精英阶层手中，这并非巧合。如果没有先进数字网络的速度和计算资源、加密货币的扩张、高科技避税和洗钱的泛滥，以及在合法财富积累协助下的毒品、武器、人口交易，在过去的20年里，大多数创造财富的策略都是不可想象的。社会、经济和个人生活大规模向网络系统和网络平台转移，推动了财富的持续向上流动。现在几乎都可以靠一个手势或一个眼神赚钱，那就难怪人们会24小时盯着屏幕看了。因此，这个附庸阶级一直有一个职责，那就是看紧那些质疑数字媒体产品的社会必要性和所谓的好处的人，让他们保持沉默，并排斥他们，使他们边缘化。卡尔·曼海姆（Karl Mannheim）和马克斯·韦伯率先指出，他们是当代版的御用奴性作家和评论家。从古至今，这些作家和评论家的主要职责一直都是对现有体制进行辩护和巩固。

为了捍卫这个“深入人心”的系统，拒绝企业技术文化或拒绝支持这种文化的强制消费主义，都是不允许的。由于附庸阶级的监督，很多大公司的高科技产品被包装成一种包罗万象的“技术”，只要人们对它们有一点回避，就会被歪曲成“反科学”或者“想要回归自然”。他们最重要的工作之一，就是防止地方和区域性的社区创造性地使用现有技术来满足人类和环境需求，而不是专门为资本和帝国的需求服务。对于强加于劳动者的高科技奴役，社会上存在大规模的阶级性抵触情绪，但这种对当下技术应用的抵制，却总在轻描淡写中被说成是个别现象，仅仅是出于个人的不满。这也充分说明，在企业精英中确实存在对这种大规模的、阶层性的抵触现象的恐惧。在亚马逊仓库、沃尔玛、肉类包装工厂、呼叫中心和许多其他场所工作的数以百万计的低薪工人，正在遭受越来越严苛的时间和劳动管控，同时也面临即将被机器人替代的风险，所以他们是潜在的大规模反对技术的群体。精英们在面对一个这么庞大的群体时，充满焦虑地捏造出一个用于掩盖真相的稻草人，把这个群体说成是孤独的技术恐惧者。如今，世界各地都在爆发职场抗议，抗议的对象之一就是那些用于绩效考评的压迫人的科技，这也进一步加剧了精英阶层的不安。

在过去5年左右的时间里，随着社会分化问题已到了不容忽视的程度，对数字技术和社交媒体主流评论的监管也有所松动。例如，现在我们已经可以讨论使用互联网和社交媒体所产生的负面影响。但是，要说哪个东西有害，还必须同时表明，在全球体系的持续运作中这个有害的东西是可以进行补救的。批评可以用改良主义的幌子进行包装，比如一些书名或媒体内容没完没了地遵循着一个套路：“社交媒体是一把双刃剑，你可以学会如何使用它，让你的生活和事业更充实、更成功”，“媒体素养如何拯救我们的网络世界”，“在数字时代拥抱好的，避免坏的”，“如何与科技建立健康的关系”，“在一个互联的世界里培养孩子茁壮成长”。而相应地，如果我们认为一个宜居的星球需要彻底改变现在的生活方式，需要拒绝那些推动大型企业增长和财富积累的产品和服务，这样的建议是绝对不可接受的。重要的是我们要认识到，这一系列看似在理的说法，带来的却是更具威胁性的影响。这些观点其实是间接地否定了互联网温和与平等主义的形象，也是一个毫不掩饰的警告：如同晚期资本主义的每一个活动领域一样，互联网复合体是一个少数人成为赢家、多数人成为输家的竞争空间。从网上可以获得的资源和利益已经被稀缺性所定义。也就是说，它们不再触手可及，不再是什么人都可以获得的。如今，由于负债累累、工作不稳定和失业等，不确定性和绝望情绪进一步加剧，措辞又有所调整：你在互联网上可以有所收获，但必须完全遵守特定的规则和市场的行为。当然，即使对勤奋的人来说，也不能保证不失败或不被放弃。

对于精英阶层来说，首要任务仍然是把人们困在互联网复合体的增强非现实之中。在那里，人们的经历已支离破碎，像被装进了一个万花筒，里面不断闪现着各种论调，强调这个重要，或那个重要，并无休止地告诫人们该如何生活、该买什么、该羡慕谁、该害怕谁。互联网的分裂和原子化被亿万富翁文化的羞辱和轻视所加剧。与早期以极端不公正和经济差异为标志的时代不同，如今还想利用阶级冲突的现实性和必要性重新让人们团结起来，已经很难做到了。因为，我们总是不由自主地会产生一种无力感，或者总认为能找到一个个人的“解决方案”。布洛赫认为，这种最近才出现的占有欲至少说明它有可能会再次消失，或者随着社会危机的加剧而转变成其他什么东西。然而，针对“人类驱动力和愿望在历史上一直在不断变化”的观点，社会学家诺贝特·埃利亚斯（Norbert Elias）提供了一种非常令人信服的补充。在阐述西方现代性特有的孤立个人主义时，他发现了一种跨历史的或者说与生俱来的人类驱动力。他相信，人类最基本的需求“是在与他人的关系中感受人性的温暖并寻找到自己身上的自发性……无论以何种形式，人类社会的情感需求，在与他人的情感关系中的付出和收获，都是人类存在的基本条件之一”[34]。当然了，技术现代主义者一定会告诉我们，人性的温暖被高估了，追求人性的温暖是因循守旧，是多愁善感，即使没有人性温暖，我们也可以通过各种各样的应用程序和数字模拟来弥补它的缺失。

III

在我们这个分崩离析的社会里，公共领域和亲密领域在同时萎缩。

——亚历山大·克鲁格（Alexander Kluge）

焦土故事

全球资本主义最后的旅程

随着互联网复合体的扩张整合，我们的生活越来越多地被纳入数字网络协议之中。但是，友谊、爱、归属感、同情心、自由施展的欲望、相互分担疑虑和痛苦，所有这些和网络运作互不兼容，这就是灾难的根源所在。所有这些情感体验都消失了，或者被重新组合变成干巴巴的网络模拟，完全失去了其中的独特性和不可言说性，充满了缺憾和浅薄。互联网上没有欢乐和悲伤，没有美和活力。一个人可以找到诗歌，但却找不到诗意。在孤寂荒芜和单调乏味的数字系统中，如此彻底地限制人类潜能的丰富性和无限性，由此造成的后果，我们该如何去衡量？这种不和谐的疯狂和暴力行径随处可见，但与此同时，它们却被一种错觉所掩盖，这种错觉认为，我们的生活离不开网络。但网络却无情地击碎了我们的希望和创造力。

长期以来，资本主义主张对人类的能量和情感进行引导，通过经济和纪律要求进行塑造，从这个意义上说，互联网复合体正合其意。针对这一塑造过程，赫伯特·马尔库塞（Herbert Marcuse）进行了解释，“在人类的社会组织之下是基本的‘力比多’（libido）式的欲望和需求。它们具有高度的可塑性和柔韧性，在被重塑并与统治阶级的利益相协调之后，它们就成为一种稳定社会的力量，将社会大众与统治阶级这个小众绑在一起”[1]。这一解释很有影响力。他又写道，社会压制如果披上自由或独立的虚幻外衣，便可能变得非常有效。他的例证之一是大众对文化产业“娱乐”的自愿服从。马尔库塞还解释了“绩效原则”如何诱导人们自愿执行预先设定的各种劳动，或者发挥必要的经济职能，而不是遵循自己的欲望或本能。他作品的核心论点是资本主义通过技术与镇压、理性与强制的结合来管理社会。“技术为人类的不自由提供了巨大的合理性，并证明了人类要想独立自主地决定自己的生活，从‘在技术上’来讲是不可能的。”[2]与此同时，他认为资本主义对自然的掠夺损害了人类的感官能力——对于想象和创造非压迫性的社会环境而言，这些感官能力至关重要。

到了20世纪80年代，各种派别的后现代主义者都认为马尔库塞的作品过时了：他把权力理解为压迫，对于新诞生的福柯学派来说，这似乎是异端邪说。其他人则认为，他没有认识到技术具有“游戏性”和创造性的可能。然而在1991年之后，这些争论又有什么关系呢？因为资本主义已经不再接受改变。但尽管有这些批评，马尔库塞还是让我们看到了互联网复合体与资本主义、自20世纪60年代以来根深蒂固的、不断加剧的一些共同特征。正如贝尔纳·斯蒂格勒所看到的那样，更具侵略性的技术理性（technical rationality）形式已经产生了一种极端现象：无产者化（proletarianization）。[3]在这里，他指的是意识的持续控制、经验的同质化和感官的麻醉。工人和消费者的知识、沟通能力和欲望都被剥夺了。

20世纪30年代中期，埃德蒙德·胡塞尔（Edmund Husserl）概述了技术官僚价值观在现代欧洲知识分子文化中的主导地位，极具破坏性。在他未完成的《欧洲科学的危机》（*The Crisis of European Sciences*）一书中，他抛开了早期作品中严谨的形式主义，研究他所观察到的现代科学与生机世界之间的悲剧性隔阂。在他70多岁的时候颁布了《纽伦堡种族法》（*the Nuremburg race laws*），胡塞尔的作品被禁，不允许用于教学和出版，而由于被社会孤立和健康的状况恶化，他的悲观情绪更加严重了。不过，《危机》只是间接地讲述了当时纳粹主义的噩梦。他真正的关注点则是片面理性主义（one-sided rationalism）带来的“邪恶”和“野蛮”，它们以世界的数学化作为表现形式，其目标却背叛了圣灵指引下的理性的欧洲梦想。对他来说，危机正是源于自然科学向“纯粹技术化”的转变。当数学变成“一门通过技术规则和计算技术获得结果的艺术时，它就不再和生机世界的目的保持一致了”[4]。胡塞尔用朴实无华的语言给“生机世界”下了定义，它是“一个普遍意义上的世界，归所有人类共享，更是所有真实存在的事物的世界……在人类广阔无尽的地平线上，我和其他人能够真正地相见、真正地建立联系”。也就是说，生机世界从来都不是私人的，它是社区内持续的生活和工作，需要通过人与人的交谈才能形成。他认为，“在熙熙攘攘的世界里，人类感到自己不是孤立的个体，而是相互联系的整体……甚至直观的感知也是共有的”[5]。

对胡塞尔来说，感知是人们共有和共享经验的一个动态和构成性的要素。生机世界通过感知的调整和适应不断地被重新创造，这些调整和适应出自个人在公共环境中面对面的交流，并以昼夜、工作、休憩的规律为标志。许多人也认为，见面，用胡塞尔的话叫“与他人的实际接触”，对于建立社区和实现各种形式的民主是不可或缺的。汉娜·阿伦特推崇法国大革命期间首次出现的工人委员会的激进性。在危机和动荡的时刻，例如巴黎公社时期、1905年至1919年的欧洲、1956年的匈牙利起义等，这些有关自治和平等参与的临时诉求自然而然地出现了。她还称赞了新英格兰城镇会议的形式，觉得这种模式没有在美国西进运动时站稳脚跟非常可惜。[6]城镇会议虽然在一些人看来是古板和过时的，但却是直接民主的另一种表现形式，基于面对面的决策，人们在不强调阶级的形式下公开发表自己的主张。詹姆斯·麦迪逊（James Madison）等早期美国精英对它的恐惧和阻挠是可以理解的。城镇会议和理事会共同展现了一个基于参与而非被动的小规模社区治理的愿景，在这里，影响群体的选择并不是由代表或专家来决定的。

在南欧、拉丁美洲和其他地区被剥夺经济权利的人们中，非正式的邻里和工作场所集会间歇性地出现，成为在既定社会框架之外推动社会和政治变革的一股力量。一个引人注目的例子就是墨西哥的萨帕塔运动（the Zapatista movement），这场土著政治斗争建立在传统形式的直接民主的基础之上。其中广为人知的便是他们对“聚会”（encuentro）的坚持。这是一种或大或小的社区会议，平等的族群之间可以进行各种各样的辩论。他们之所以选择这样一种形式，是因为它培养了族群之间相互依赖的持久关系，并强化了对集体决策的责任感。虽然这并不妨碍网络技术用于其他类型的交流，但相对于“聚会”中的共同交流来说，那些交流并不重要。

居伊·德波《景观社会》（*Society of the Spectacle*）的读者经常会忽视作者对工人委员会的赞赏和支持，认为它的模式在革命斗争中起到了很关键的作用。在该书的结尾处，作者写道，委员会的权力意味着“主动的、直接的沟通实现了，它标志着所有等级制度、所有特殊化和分化政策的终结”。德波和其他很多人一样，认为面对面的交流（rencontre）是防止“景观”取代共同的生机世界的关键。他写道：“（‘景观’）是一个交流能力被破坏的系统性组织，并代之以社会幻象和虚假的交流。”不难看出，如今的互联网复合体延续了20世纪60年代的那种发展势头，但今天的社交媒体对社区的铲除更为彻底。

虽然借助媒介进行交流的各种形式已经存在数千年，但直到近些年，电话和电视设备才开始全方位地扩展我们的交流方式，其中大多数技术是为了应对日益增长的全球经济和现代化军事的需要。但是，直到20世纪中期，它们仍然只是对人类之间长期存在的直接会面和接触模式的一种补充。正如德波等人所指出的，自发或非程序化的共处方式与消费社会的合理化进程变得格格不入。这就导致不受控制的政治集会或民众集会开始受到压制，导致城市空间被商品化，日常生活到处充斥着临时性的事物，通常意义上的个人交往形式失去了存在空间。长期以来，技术现代主义者一直蔑视任何支持面对面互动交流的理念，他们坚称，在所有新的“交流”工具中，面对面互动交流并没有那么重要。但他们不愿说出的事实是，面对面互动交流会浪费太多时间，与在线交流的速度和经济效率不相称，而且在面对面交流互动中，无法从中提取数据并立即加以应用。

与计算机通信系统或其他类型的远程通信相比，面对面接触的价值并不在于其真实感，因为这不是它的主要特征，而远程通信也有自己的真实性特征。相反，人与人之间的直接接触不是语言、图像或信息的交流或传递这么简单。面对面接触总是会有各种非语言和非视觉元素。即使是日常的碰面或者是不经意间的碰面，面对面交流也是生机世界及其民众一个必不可少的基础；面对面交流会出现一些无法预见的事情，这都是标准化的交流无法做到的。面对面交流不会发生在虚无的空间中，也不会被屏幕的框架所限制。它是对周遭环境的一种沉浸式、栖居式的体验，自觉或不自觉地影响着每一个感官。这样的会面，这样的亲近，从字面上讲就是一场密谋（译者注：conspiracy，由“一起”和“呼吸”两个词根组成），一次共同的呼吸。

我们喜欢面对面接触，喜欢通过面对面接触达到目的，然而这种倾向在许多层面都遭到打压。生物识别程序及相关技术的广泛使用，将人类的行为和反应重新配置为可量化的信息，是助长这种打压的力量之一。在我们的身体和大脑中，几乎没有什么东西能够逃脱各种千奇百怪的监测和分析，而这种数据采集的一个重要目标，就是最大限度地扩大网络技术应用，并让人们习惯这些应用。在过去的10年里，生物识别技术受到广泛议论和批评，但主要针对的是监视、数据挖掘和数字警务等问题。而我在这一章关注的，是那些实现并维持生机世界中主体间互动的东西：声音、面孔和凝视。资本主义需要将它们拿来并加以利用，用以削弱个体关怀他人、产生同理心或归属感的能力。生物识别技术进一步促进了人类全面地习惯与机器系统的交互。其通过简化还原的操作，特别是涉及图像和语言的操作，导致了现实共享社会的人际基础的分裂。

生物识别技术的发展源于对没有明确界定的城市人口信息登记的需求，主要涉及一些劳工组织，或者用在新型的治安管控模式上。社会现代化要求个人必须是可知、可见、可识别的。这种以实验室为基础的研究被称为“心理物理学”（psychophysics），其原理是：任何有关人类个体的相关信息都可以通过外部定量的方法获得。不管什么东西，只要与心理的内在性扯上关系，如心灵或意识，都被认为是具有可测量的生理基础。这就是历史学家安德烈亚斯·伯纳德（Andreas Bernard）所说的“量化自我”[7]的起源。

到了19世纪80年代，出现了一个新的研究领域，主要研究注意力的功能发挥。由于可以帮助确定注意力的各种功能和极限，帮助了解一个人可以同时注意多少事情，以及什么东西可以增强其注意力，什么东西可以分散其注意力，这项研究显得越发重要。最初，研究人员考察了生产流水线上工人的注意力，到20世纪早期，他们又研究了广告、教学方法的有效性，以及依赖警觉或警惕性的劳动情况。[8]这些研究催生了一批企业，最终发展成现在的眼球追踪（eye tracking）行业。20世纪30年代，这项技术刚刚起步时使用的机器非常笨重。但到了如今，随着机器的微型化发展，使得几乎任何设备都支持眼球追踪技术，该技术也可以嵌入任何地点。由于非常多的经济活动都需要持续使用数字界面（包括在学校、工作场所、军队、娱乐和游戏产业），所以就不难明白现在为什么眼睛成为数据收集的主要部位。高科技公司围绕“注意力经济”设立了目标，而要想在“注意力经济”中成功赚到钱，就需要力争吸引最多的“眼球”。在工业资本主义的关键阶段，工时与动作研究以及科学管理技术，力图提升工人身体动作和工作的效率；而如今，对眼睛的监视，则是为了实现对观察者视野的管理，眼睛训练也成为信息处理中的一个辅助环节。

直到19世纪晚期，眼部运动才成为持续研究的对象。法国研究人员埃米尔·贾瓦尔（Émile Javal）在19世纪80年代首次发现了他所命名的人眼“扫视”（saccadic）运动。这个法语单词的含义是：一种紊乱、断续、间歇性的运动。而正是在工业现代化的背景下，这种描述才成为可能。几千年来，近距离观察别人的人都知道眼睛是好动的。然而，尽管亚里士多德、阿尔哈曾（Alhazen）、罗杰·培根（Roger Bacon）、阿尔·金迪（Al-Kindi）、列奥纳多（Leonardo）、开普勒（Kepler）等人对眼睛和视觉进行了丰富多彩的描述，但很少甚至没有人注意到贾瓦尔发现的这种眼部运动。即使在丢勒

（Dürer）和布鲁内莱斯基（Brunelleschi）的视觉几何模型中，眼睛的颤动和视觉感知的可量化概念之间也从来没有任何不相容。但随着环境中出现了各种循环往复、保持不变的机器运动，眼睛的自然活动就像身体的其他行为一样，在对比中开始显得有些不稳定或缺乏规律，并且需要纠正。

然而，正是通过眼睛不停地快速移动（每秒10次到20次），我们才能持续不断地创造着自己的视觉世界。由于只有视网膜中央一小块区域能清晰地记录图像，所以我们的眼睛看到的大部分东西都是模糊的。通过不断转换那一小块清晰的区域，我们就能合成一幅虚假但是连贯的外部现实画面，来构成我们面前的这个世界。世界的景象不断转换，眼球通过运动与世界进行短暂接触。与此同时，人的记忆、知觉和其他感官进行无缝合作。我们的眼睛扫视周围世界的表面，受到兴趣、期望、焦虑和欲望等一系列情感的驱使。对于哲学家亨利·柏格森（Henri Bergson）来说，一个观察者永远不能被理解为“空间中的一个数学点”。他认为，个人作为观察者，是一个活生生的“不确定中心”，从人的角度看，世界永远在转换，对人们采取行动、做出选择、追求自由都没有任何限制。无论是削弱这种不确定性或这种认知习惯，都是对生命的一种压抑。在接下来的一个世纪里，柏格森及其众多追随者，都在试图抵制由工业化劳动和新的视觉技术所要求的知觉标准化和注意力管控。眼球追踪是目前正在进行的更大规模的强制管控计划的一部分。

许多人认为，眼球追踪是一种侵入式生物特征监测方式，可以识别和存储我们所看到东西的细节。但监视个人及个人的倾向并不是它的主要目标。一个更重要的目标是在目标人口中发现整体的规律，最终将收集到的信息金融化。眼球追踪数据被用来降低人类视觉和我们所处视觉环境之间的内在不兼容性，它提供了设计师所需要的分析，将视线引导到需要提高注意力的行为上。有关眼睛运动机能（如字面意思所示，指的是眼球的转动）的知识不断积累，经过处理和部署后，可最大限度地引导用户“注意”到预先设计的视觉吸引点或序列。换句话说，对眼部运动的典型特点了解得越多，如一个人的眼睛会注视什么、回避什么，就越容易设计出各种视觉吸引，越能够成功吸引或占据人的视觉注意力。因此，眼球追踪设备实际上仅仅是获取数据的手段，个人用户是否被“跟踪”并不是问题的关键。我们应该关注的是，我们都逐渐在更大程度上生活在网络世界中，并与之互动。然而，这个网络世界却是经过精心设计的，目的是实现预先确定并被常规化的视觉反应。

据一家全球领先的公司称，眼球追踪提供了“令人信服的客观数据，揭示了与界面或产品交互背后的人类行为，并发现了可以优化的潜力”[9]。在某种意义上，它类似于以前的劝导项目，诱使我们去看或购买某样东西，同时让我们觉得自己的选择和行动都是自主的。眼球跟踪记录了许多现象，但其中最重要的是在眼球运动和相对静止间隔之间建立的模型——被称为“凝视”。不过，眼球追踪软件设计者的一个错误认知就是，如果眼睛被指向一个特定的位置，即使时间很短，也构成注意力。一个类似但同样有缺陷的观点是，一个人看到的东西和他思考的东西之间是有关联的。因此，为了迎合数字营销等业务领域的需求，注意力的复杂性被简化，变成了有关眼球动态凝视的短暂且不连贯间隔的生理模型。

眼球追踪分析在用户体验设计（UXD）这一广阔行业中尤为重要。这是一个快速扩张的商业领域，涵盖了很多我们接触到的网络内容，主要负责各种细化的注意力模式，这些模式已经成为设计工作的基础。一家公司告诉潜在客户，“我们希望在税务筹划和个人理财网站的设计中建立起情感联系。如果你创造了一种能够与用户产生情感联系的体验，那么你就成功了”。和大多数大公司一样，IBM所有的用户体验设计都是在内部完成的。在他们的“认知电子商务”部门，他们宣称的目标是建立“更深层次的人类参与……通过事先了解客户的需求，通过了解语气、情绪和环境条件的细微差别，我们可以让客户在人性化的层面上参与进来，并在最恰当的时刻提供最合适的体验，从而激励他们对产品的终身忠诚度”。一家用户体验设计公司宣称，他们为购物网站打造了“神奇而有意义的支付体验”。通常情况下，用户体验设计的目标是创造出“无障碍、轻松、平滑”的界面，同时能够培养出忠实且顺从的用户。在这里，所谓“无障碍”，指的是毫不犹豫、不思考、不怀疑。

威廉·詹姆斯（William James）在他的《心理学原理》（*Principles of Psychology*）中做了一个简明的权宜的定义：“体验，是我愿意参与投入的事物。”而用户体验设计则是对这一格言的曲解，即“体验，是我们告诉你要参与投入的事物”。詹姆斯对把注意力简化为一种剥离了人的意向的机制表示遗憾，并坚持认为它可以而且应该有一个道德层面，通过个人的选择和自我意识的优先次序建立起来。他认为，人们共同的体验领域是通过历史上不断发展的由个人组成的社区的主动关注而逐渐形成的。约翰·杜威（John Dewey）进一步阐述了体验的重要性，认为它是一种提升的生命力，是“自我与世界之间完全的相互渗透”。他说，体验不仅仅发生在环境中，而且是因为环境，通过与环境的互动而发生。这就像呼吸一样，“是一种吐纳的律动”。对杜威来说，体验从根本上说具有交易的属性，他不认为体验是个人意识的主观产物。相反，生活的起起落落发生在社会环境中，而社会环境中的“体验是人类最伟大的财富，是一种分享，在相互交融中得到强化、加深和巩固”[10]。

杜威生动地描述了社会体验富有创造性的潜能，他觉得经济增长和科技进步需要依靠各种体制机制，但他未能看到，这种创造性的潜能与这些体制机制死气沉沉的功能主义之间，存在不可调和的矛盾。然而现如今，拥有直接体验的共同生活已经不复存在，取而代之的是强加给我们的非自愿的、只能被动接受的刺激流。如前所述，其结果并不是什么新型的控制方式，这些控制方式也并没有像其所宣称的那样有效。其真正的目的是削弱我们在现实生活环境中进行感知和辨别的能力，甚至削弱我们想要进行感知和辨别的欲望。长期以来，体验一直被学院派哲学家们所轻视，但对于普通人来说，体验却是最直接的概念，可以帮助他们清晰体会到当前的秩序是如何给他们带来苦恼、焦虑、负债、疾病、孤独、上瘾以及其他更糟的东西的。正如威廉·布莱克（William Blake）所认识的那样，只有当体验糟糕到像在地狱一般时，人们才会意识到有必要从根本上改变工作、生活和想象的环境。[11]

对于用户体验设计师来说，眼球追踪是一个重要工具，因为它可以表明显示器或受控环境中的哪些特征最能够“吸引眼球”。通常情况下，用户的“首次注视”的记录至关重要，这需要同步参考用户的“注视时间”、眨眼、视觉滚动和点击模式，以及其他层面的信息。需要优先考虑的不仅是将观众引向一个特定的视觉对象，而且还要将我们的视觉参与从一个注视点引向另一个注视点。很重要的一点是不要长时间盯着某一个东西看，这就是为什么会有一系列的关注物短暂地捕捉“注视的焦点”，然后转到下一个地方。一个矛盾性的现象是，“吸引眼球”的视觉对象，反而是那些粗浅简单的。它必须能够通过在感知上引人注目，但又能很快让人对其失去兴趣。同样重要的是，眼球追踪如何识别并消除那些被认为是扰乱视线的东西——那些一定程度上模棱两可、难以理解的设计元素，或者其他一些具有不能立刻或轻易感知的特征的设计元素。眼球追踪可以检测到迟疑的动作，就像眼球运动的“口吃”一样，即使相对短暂，也说明眼睛没能进入稳定的凝视状态。而为了优化“易用性”，这些引起视觉不确定性和模糊性的小问题将被改进或者删除。

但是，意义不明和模糊性是我们进行各种不同的视觉识别的基础。过去500年中，涉及视觉主题的艺术家、诗人和思想家的名单非常长，从达·芬奇、伦勃朗、歌德，到拉斯金、爱默生、威廉·詹姆斯和马拉美，对他们来说，模糊和晦涩是视觉体验的基本要素，因为他们要跨越视觉、记忆的流动和遐想的创造力之间的界限。然而今天，以充满想象力的方式与令人含糊的视觉信息进行互动，以及将观看者高效地整合到由新自由主义权威所设定的责任和当下的现实当中，这两者无法兼容。因此，眼球追踪最令人不安的后果不是监视和隐私，而是视觉的贬值和程序化。

眼球追踪的一个更宽泛的目标，就是将一个“观察者—用户”训练为可以实现的特定行为模式。任何鼓励长时间集中注意力，乃至偶尔沉思的做法都是不可接受的，因为这些反应会占用更长的时间。与此同时，摇摆不定或“漫无目的”的眼球运动会被阻止或重新引导。我们通常认为，所谓互联网“冲浪”，就是可以按照一条随机的、不确定的视觉线路进行浏览，但在大多数情况下，这只是一种伪漫游，实际上我们是在追踪一系列可预测的视觉点，其中穿插着习惯性的视觉滚动和点击模式。就像“浏览网站”这个短语一样，网络冲浪意味着有一个开放的水域，但事实上有的只是重复的路线，没有真正的漂流感或随机性。从个人角度来看，以这种方式消耗时间，只不过是无聊时打发时间的一种方式而已。但这其实是一种现代的以非正式工作的形式占据人们的时间，为企业和机构利益形成可销售的信息，从而创造价值的行为。眼睛（和心灵）的游离涣散是不被鼓励的，观察者的路线已经被清晰地规划，眼睛必须做的工作一件也逃不掉。

从某种意义上说，眼球追踪是威廉·布莱克所说的“单一视觉”（single vision）的延续，他将其与牛顿对物理现实的狭隘理解和洛克的感觉模型联系在一起。在他最著名的作品中，有一幅描绘了牛顿用圆规的两只脚绘制几何图形的画面。牛顿呆呆地盯着他手中的仪器所“包围”的有限空间，他对这个世界那扑面而来的感官多元性视而不见，悲哀地丧失了人类本有的遐想能力。对布莱克来说，单一视觉仅仅是眼睛的机械活动，与其他感官和想象力之间没有相互作用。同样，马克思也注意到了感官分离的现象，这成为19世纪后期兴起的感知工业化的一个组成部分。电影制片人斯坦·布拉哈格（Stan Brakhage）受布莱克的神话框架的影响，早在互联网出现之前就看到了当代视觉管理技术中的一种感官收缩现象：“一些极度贪婪的人，用诡计吸引大多数人的目光，让他们沿着规定好的光的通道移动。他们之所以被欺骗，是因为他们不看光的质量和种类。他们被训练得只将光当成从物体、纸张或标志上反射回来的东西；到最后，甚至连那些事物都不再存在。”[12]

眼球追踪的实际工作原理和它的名字一样，就像猎人和猎物之间的关系。正如“夺人眼球”这个成语所讲的那样，这是一种以捕捉为目标的跟踪技术。随着新一代数字显示器的出现，眼睛不受控制或不受干扰的可能性越来越小。一些特定的功能也进一步提升了眼球追踪与狩猎活动之间的相似度。LED投射到瞳孔和虹膜上的光束，瞄准的正是眼睛的径向结构，其由多个同心圆组成，是真正意义上的靶标。与许多新型火器和其他武器一样，眼球追踪以红外线（IR）来瞄准观察者。人类的眼睛看不到红外线波长，因此身体不能像对强烈的白光或阳光那样，通过闭上眼睑或把头转开来保护自己。它不会引起“厌恶”反应，也不会导致瞳孔收缩——这有利于数据的收集。红外线不仅是看不见的光，而且其产生的热也是感觉不到的。红外线会提高眼睛的内部温度，实际上是在“烘烤”眼睛，损害里面的组织。医学研究表明，接触红外线可导致白内障、角膜溃疡和视网膜烧伤。毫不意外，眼球追踪的这一特征与所谓的定向能量武器的特征相符，定向能量武器正是利用光谱中选定的波长对目标进行打击或摧毁。

经过数万个世纪的进化，眼睛已经形成了对自然光能量的敏感度；在眼睛的内部结构中，视网膜上可以聚焦和收集某些波长的光。在人类历史的大部分时间里，在各种光的概念中，可见光是光谱中人类唯一已知的部分。前现代文化，几乎全都是由对光的原始意识塑造而来，人们认识到光是一种与物质具有强烈相互作用的能量形式，最明显的表现就是植物对太阳的依赖。它具有明显的非物质性，但同时也具有明亮的感官直接性，这使它几乎在每个社会的宇宙论中都发挥着决定性作用。人们认为光拥有各种变革性的力量，可以创造万物，也永远是神圣的。但是到了19世纪的西方，可见光失去了它的本体论特权，从科学的角度上看，它不再拥有独立的身份，而是一种可以被定义和操控的电磁现象。

随着科学的迅速发展，我们当今熟知的电磁波谱得到了不断的丰富，但这些发现带来的严重后果却经常被人忽视。从1886年到1914年，科学研究的发展成果加速积累，为一个多世纪后我们居住的“技术—政治—社会”的世界奠定了一定的基础。那些年的研究大致包括赫兹（无线电波）、伦琴（X射线）、贝克勒尔和居里夫妇（放射性）、维拉德，以及后来的卢瑟福和玻尔（伽马射线）等人的研究成果。然而，这些科学发现及其对可见性的重新定义并不是偶然发生的，也不是对更多科学知识的无私探索。这一串熟悉的名字似乎让大家感觉到，那些在科学理论和实践上的突破都是由一个个天才带来的。但事实上，这些天才是在马克斯·韦伯所称的“国家资本主义企业”（state-capitalist enterprises）中工作的人。这些企业存在于民族国家新的制度综合体当中，而这些民族国家则在全球范围内争夺领土和经济的统治权。[13]电磁波谱的不断扩充适逢科学的专业化、专门化发展，满足了军国主义、经济增长的需求，同时也服务于获取新能源、发展通信技术、实施破坏行径的帝国主义扩张行为。当然，1886—1914年间最重要的发展成果之一就是对铀的放射性的研究。20多年后，通过多种途径，这些成果随着核裂变的发现和原子弹的制造而达到顶峰。在21世纪的今天，大部分人的生活中充斥着各种看不见的辐射能量，包括无线网络。无线网络的无线电波正在越来越多的层面改变着个人和机构的生活。最重要的是，这些发展成果导致了一些行业的兴起，它们对社会进行控制，形成大规模致命的暴力。这些行业主要利用了人体的脆弱性——对扫描、监测、瞄准和照射缺乏相应的防御能力。人体的暴露状态让人类的感知失去了打开并且感受世界的可能性。相反，它放大了眼睛作为外部干预部位的地位。

虹膜扫描是另外一项技术，通常与眼球追踪一起用在同一设备上。它也使用不可见的红外光来产生数字图像，其精度优于用可见光制作的图像。它是目前在国际市场上推广和应用的众多生物特征识别方法之一。人类的虹膜满足生物特征标记的标准要求：普遍性（每个人都有一个）、持久性（它在一生中不会改变）、唯一性（每个虹膜都不同）和可及性（可以被记录）。虹膜的这种应用实际上是由生物识别技术的创始人之一——巴黎警官阿方斯·贝蒂荣（Alphonse Bertillon）率先提出的。在1892年的一篇研究论文中，他指出了虹膜作为生物标记物的潜在用途，但是他也知道，当时的图像制作技术还不足以实现这一用途。[14]直到20世纪90年代，虹膜扫描产品才被广泛使用，而截至2016年，利用虹膜扫描的产品已经制作了超过10亿张图像。

直到最近，作为人类面对面接触的决定性因素，眼睛的外观——以虹膜为最生动的特征——具有了文化上的意义。数千年来，在许多不同的文化中，虹膜在身体中都是绚丽多彩、充满活力的一种存在，如同花朵、彩虹等自然事物或现象。然而，与彩虹的一闪而过、花朵的转瞬即逝不同，虹膜在人体内存在一生。无论是朋友、恋人，还是陌生人之间，相互之间的凝视总是意味着可以看到彩虹的颜色。虹膜既非完全不透光，也非完全透明，它那难以捉摸的颜色闪烁着光芒；在它们柔和的光芒变换中，会在对方的心中埋下些许神秘。此外，虹膜和它的收缩肌不断调整瞳孔的大小，可以控制眼睛的进光量。它对世界的光明或黑暗有节奏地反应着。在光线的波动中，水状半透明的虹膜的样子不断调节，绚烂多彩。我们有多少次注意到我们熟悉的人，他们的眼睛在不同的光线下颜色会发生变化？虹膜的奇妙之处在于，对于观察者而言，它没有一刻是完全一样的：它的颜色不是静止的，因此也无法掌控。黑格尔在他的《美学》（*Lectures on Art*）中谈到了虹膜独特的光彩，并宣称它永远不可能在艺术中被真实地描绘出来。

不过，还是有一些艺术家没有被吓住，他们试图最真实地描绘出虹膜的美丽。艺术史学家汉内克·格鲁腾布尔（Hanneke Grootenboer）研究了只画一只眼睛的袖珍画，这种画曾经在18世纪末19世纪初流行过一段时间。[15]这些镶框的通常镶嵌着珠宝的象牙水彩画，在情侣和家人之间相互交换，作为私人的、感性的肖像画，以吊坠或胸针的形式佩戴。这些画描绘了整个眼睛和眉毛，但虹膜的色彩渲染是其具有感染力的关键。格鲁腾布尔认为这些艺术品证明了另一种视觉模式，在这种模式中，人们以非同寻常的亲近感来体验目光的相互作用。这就是她说的“一种亲密的视觉”，在这种视觉中，凝视对方的眼睛，既看到了珍贵的亲近感，也领略了神秘的美丽。生态学家保罗·谢泼德（Paul Shepard）指出，人眼的虹膜除了具有接收功能外，还具有交流功能，在进化过程中具有重要的意义。“白色背景下的彩色虹膜是人类面部最引人注目的特征之一。”[16]在人与人之间的自我展示行为中，眼睛发出和接收信息。他进一步观察到，猿类、狗，甚至一些鸟类会被人的眼睛和虹膜所吸引。“眼神交流超越了物种间交流的巨大障碍，胜过其他任何单一因素。”

瑞士动物学家阿道夫·波特曼（Adolf Portmann）提出了一个更广泛的框架来思考虹膜的颜色。波特曼不同意基于自然选择的功能主义解释，提出“每个生物体的外观都有一个根本目的：自我表达或自我投射”。[17]多年的研究让他得出了一个非常吸引人的假说，即生命世界有着无限丰富的色彩和形式，“能够被看见是经过设计的”。那是20世纪50年代，当时自然研究的实证主义理论大多尚未受到质疑，对于一个由生命构成的地球上的感官之间的相互连接，波特曼寻找到了一种整体性的理解方式。与此同时，具有复制特性的媒体（如《国家地理》和野生动物电视节目）和完完全全的城市生活，让视觉上的贫乏和无知愈加普遍，导致人们远离了一个没有人类的生机世界，一些人对此感到遗憾，波特曼正是其中之一。从那时起，计算机生成的各种图像四处泛滥，极大地加剧了我们的感官与真实世界之间的割裂。举例来说，如今我们可以很容易地看到放大的、超高分辨率的虹膜图像，看到在人与人直接接触时看不到的无数细节，但对大多数观众来说，这些只不过是为了满足那些不值一提的好奇心而已，完全缺乏了生活中人与人之间亲密接触时所感受到的东西。

眼球追踪的一项特殊功能是收集数据——哪些颜色以及颜色和图形的组合最引人注目或最不引人注目，并将获取的数据用于感知和反应管理。关于颜色和行为的研究，特别是与广告有关的研究，已经不是什么新鲜事了，但是真正的改变是我们现在开始全天候面对由屏幕和显示器组成的色彩环境。无所不在的电子光让我们渐渐没有能力，甚至没有动力以一种亲近的、可持续的方式，去观察真实世界的色彩。人们习惯了数码显示屏的炫彩夺目，开始对色彩的感知变得浅薄，对生活环境的点滴消逝也变得不那么敏感。数万年来，人类伴随昼夜交替的循环有节奏地生活。经过皓月当空、星光闪耀的黑夜，迎来的每个早晨，都像鲜花一样在世间重新盛开，一切重新涂上了色彩。不过，色彩在夜晚的消逝并非客观事实。眼睛中令我们能够看到颜色的感光细胞不能在弱光下发挥作用，而我们靠视杆细胞在接近黑暗的环境中看东西，但它对颜色不敏感。因此，在绚烂多彩和色彩暗淡之间交替，是我们身体对地球自转的一种特殊体验。这就是为什么在白天到夜晚之间，黄昏一直是一个非常独特的阶段。在黄昏这段时间内，太阳直射开始消退，天空开始以非直射的方式映照大地，光亮逐渐消退，我们的敏感度也开始逐步加强。在这个时间段里，我们所有的感官都能感受到颜色的暗淡过程。对颜色的感知是我们对空气、声音、气味变化的敏感感知的延续，也是身体觉醒的延续，就像飞禽走兽和植物对日常变化的适应一样。在前现代和史前的数千年里，我们所认为的颜色，从来不会与感官的相互作用分离开来，也不会与那些相互依存的、鲜活的生命存在形式分离开来。[18]只是在最近几个世纪里，从西方开始，色彩才被还原为纯粹的光学特性，“日落”或“风景”等概念才成为一种不带任何感情色彩的景观，供人远远观赏。

19世纪中期人工色素的发明产生了深远的影响。19世纪60年代，从法本公司（IG Farben）、巴斯夫（BASF）到陶氏、杜邦等公司，大规模生产合成染料获得了丰厚的利润，这些大型化工企业集团的成功并非巧合。这些化工企业集团在过去的100年里一直在破坏和毁灭地球上的生命。色彩的工业化与塑料、除草剂、杀虫剂、多氯联苯、聚氯乙烯和无数其他化合物的生产交织在一起，污染了我们的水、空气、土壤和海洋。在商品生产扩张和大众消费兴起的推动下，人工颜色的大量出现，参与了对人类感官体验的重新定位，使其更加符合资本主义经济的价值和需要。合成颜色与吸引、招揽和劝说的技巧进行共谋。社会学家奥尔格·齐美尔（Georg Simmel）在1900年左右写成的著作中指出，当没有任何东西可以免于货币化或商品交换时，我们就注定要进入一个没有色彩的世界，我们不再拥有一个由所有高涨的生命和安静的喜悦时刻——往往出自人的互动和亲密关系——所编织的世界。“由于金钱缺乏色彩，本质上又没有人情味，在一定程度上可以成为所有价值的共同分母，变成一个可怕的平衡器——它以一种无法修复的方式，挖空了事物的核心、特性、特定价值，以及它们的独特性和不可比性。”[19]

齐美尔的尖锐批评仍然适用于我们现在的情况，我们被电子光的无效算法所笼罩，无法直接理解生物之间微弱的关联性。每天24小时不停地盯着屏幕，已经让我们完全麻木了，失去了感知能力，感觉不到自己还是地球生命中和社会环境中充满活力的一部分。[20]正如大卫·亚伯兰（David Abram）等人所警告的那样，我们已经失去了身体对世界及其节奏的理解，也不再对生活环境有生动的沉浸感。[21]我们可能会抽象地对资本主义使数以百万计的生命和物种变得可有可无，或对我们赖以生存的生态系统的破坏表示遗憾，但现实中我们仍然坚持那些毫无意义的上网习惯，并且抱有一种幻觉，认为互联网复合体在某种程度上不是这场灾难的罪魁祸首。

许多人认为，我们最应该担心的是生物识别技术的侵入性和隐私的被侵犯。不过，围绕当前"监视型资本主义"（surveillance capitalism）的众说纷纭，有一点我们应该看清楚：它们针对的不是资本主义，而是一个基本上可以改革，但不可或缺的系统所实施的所谓过度或者侵犯行为。这是对社会批判的一种巧妙转移，实际上肯定了现有基本制度的持久性和必要性。我们对在线隐私和企业数据越在意，对恶意软件、网络钓鱼和DoS攻击等威胁越焦虑，就会越相信社会分裂的逻辑，会越偏执地去追求网络安全。从设计上讲，个人的网络隐私根本不存在。尽管如此，我们还是被要求相信，总有一天会通过保障隐私的立法，当前的肆意妄为一定会得到遏制，我们可以重新占领传说中"我们的"互联网——事实上这样的网络从未存在过。我们被逼着用自己的数据、搜索历史和密码来认证自己。保密、匿名化、加密和防火墙的各种需求扭曲了我们网络活动的方方面面，破坏了民主价值观和社群主义价值观的存续。网络安全和让人厌倦的升级更新已经成为我们日常生活的一部分。一家IT安全公司在宣传其产品时这样说："面对新的网络威胁，我们必须坚持零信任原则。零信任原则假定网络内外都存在着行为不良之人。因此，在我们的方程式中，信任要被彻底剔除。"

面部识别（facial recognition）是全球生物识别行业的核心技术之一，围绕它的许多批评都涉及隐私侵犯、识别误差、种族歧视，以及它在"社会信用"评级中的应用。然而，除了通过存档的"脸纹"匹配来识别特定的个人之外，这些资源还有其他一些重要的用途，特别是在情感识别技术或所谓的"情感计算"领域。一家大型公司提供的软件可以"与其他传感器和技术（如眼球追踪、皮肤电反应、脑电图、面部表情分析等）相结合，实现无缝的数据收集、同步、可视化和分析"。研究的目的之一是收集观察对象的情绪状态数据，通常可以分为快乐、悲伤、惊讶、愤怒、恐惧、厌恶和蔑视等类别，以及数十种次级表情。诸如Affectiva、Emotient和Beyond Verbal等公司，都正在开发"面部编码"

(facial coding) 或“情绪人工智能”(Emotion AI)，以实时分析面部表情。一家公司在促销中宣称，“我们现在有了有效地理解消费者真实反应的方法”。例如，它可以识别出人们在重复观看广告时，哪个片段能引起人们最佳的情感反应，也可以识别出媒体人物在屏幕上的哪些行为更加吸引观众。同样，在游戏设计中也很重视使用这些程序，最大限度地实现玩家对游戏上瘾。正如我在关于眼球追踪的讨论中一直所讲的，情感计算已经开始掏空我们所有人的生活，无论我们是否曾以个人的方式使用过这些技术。新自由主义之下的资本主义要求实现让情感变得单薄的同质化和机械化，而这些只是其中的一类表现。

对于那些想要激发用户愉悦反应的产品和内容设计来说，微笑分析尤其重要。有一种软件能够检测各种各样的微笑，特别是可以显示出在不同情况下，最低限度的“微笑阈值”是何时被触发的。这种面部检测还可以解释微表情，例如无意识闪过的表情——这可能掩盖了某种情绪的表达，或者展现了一种我们没有感觉到的情绪。有些扫描仪专门用来检测不对称的面部表情，比如轻微的傻笑或鬼脸。与被认为表示幸福和享受的对称微笑不同，不对称的微笑 (脸的一侧嘴唇较高) 据称揭示了一种“负面价值”，其中可能包括惊愕、反抗或怀疑等情绪。与此同时，对微笑的计算机分析是设计机器人或数字人的重要工具，以便赋予它们可信度高、看似真实的表情。用一家机器人公司的话说，他们的目标是“给机器人注入情商，让它们真正具有社交能力”。我们向他人展示自己的方式——这曾经是日常生活中一个重要的基础组成部分——如今被麻木和降格的机器功能所定义。随着我们以一张脸、一个声音或两者兼而有之的形式增加与机器的互动，空洞的情感和表达便充斥在大量的场合当中。问题的关键不是我们变得像机器或者我们的行为不再真实。真正的问题是，我们很快就会没有能力，甚至没有兴趣去体会别人的目光，聆听别人的声音，并将它们作为表达关心或亲密关系的媒介。

历史学家让－雅克·库尔蒂纳（Jean-Jacques Courtine）和克劳丁·阿罗什（Claudine Haroche）指出，西方社会始终围绕着面部展开争议，就此发展出不同的自我表现的方式。[22]随着现代个性观念的出现，特别是在17世纪，面部的所有表现可能性，都要求由当事人自己来做主和控制。因为面部可能会揭示或暴露一个人的内心，所以学会如何让它变得晦涩或不可捉摸就变得重要起来。新的社会环境要求人们必须掌握调节表情的能力，以隐藏真实的情感，或者装出某种虚假的情感。从宫廷社会开始，人们就知道什么样的面部表情适合于特定的社交场合，什么样的面部表情适合出现在私下的、更亲密的场合。在同一时期，出现了理解和破译表达的知识。然而，在库尔蒂纳和阿罗什看来，摄影的出现和19世纪后期大众社会的出现，改变了一切。摄影图像在各种媒体中无处不在，新的规律和类型学出现，以及现代城市生活的匿名性和原子化，这些都降低了人们直接见面的价值。

一个多世纪后，随着神经科学、社交媒体和上文探讨的人工智能的崛起，人们已经不再关注社会理论家埃弗里·戈登（Avery Gordon）所说的“复杂人格”（complex personhood）[23]。网络广告和社交媒体上存在着数十亿张脸的图片，其中大多数面带微笑，构成了一个无尽的、令人沮丧的表象，被一个狭隘而模糊的属性——“可爱”所定义。当然，这与企业的人脸和语音识别的宏大事业密不可分：这些都是企业为了明确和提高服务和产品吸引力而做的审查。最令人不安的不是人类情感的商品化，也不是行为控制的不祥景象。不如说，这是从前那些社会形态的残骸，在那些社会形态中，对他人、对面孔、对声音的独特性和不确定性的理解与感受曾经受到过重视。我们逐渐失去在时光沉淀的尺度上去凝视一张面孔、聆听一个声音的能力，我们逐渐失去了在一生的经历中把握那些迹象和声响的能力。评论家西格丽德·威格尔（Sigrid Weigel）曾写道，人类脸上因为失落、悲伤、爱、坚持或不甘而留下的深刻痕迹，对于机器的情感分析来说只是冗余，因此也就无法辨认。[24]更重要的是，对于那些习惯了忘却和半自动在线交流的人来说，已经越来越难以察觉这些展示自我的生活印记。

自20世纪初以来，面部一直是一个具有批判和伦理意义的议题。在城市生活日益碎片化，以及第一次世界大战中数以百万计的人口伤亡的大背景下，面部被赋予了新的价值，甚至开始被神圣化，这在格奥尔格·齐美尔、莱纳·玛丽亚·里尔克（Rainer Maria Rilke）、马克斯·皮卡德（Max Picard）、马丁·布伯（Martin Buber）、弗朗茨·罗森茨维格（Franz Rosenzweig）的作品，以及第二次世界大战之后伊曼纽尔·列维纳斯（Emmanuel Levinas）的作品中有多种方式的体现。但是，在20世纪最初几十年的激烈意识形态斗争中，任何对大众社会中个人独特性的辩护或对人格概念的反思，都被诋毁成布尔乔亚人文主义（Bourgeois Humanism）或反现代的幻灭思想。然而，随着面部不断被纳入数字监控、营销和空洞的社交媒体之中，一些早期的思想与当下的现实持续产生着共鸣。无论是基督的、白人的、君主的还是暴君的，“作为图形的面孔”有着非常悠久的历史。到了20世纪早期，面孔借由景观和名人文化的主要形式来进行统治，但在“作为图形的面孔”的压迫性存在历史中，受苦者、贫困者或非白种人的生动面孔一直是被抹去的。

对马丁·布伯来说，人类碰面时，脸部表情是当事人决定是否交谈（或避免交谈）的一个重要的因素。在布伯看来，生活的核心是一场引发对话或提出对话可能性的会面。对话对于社区共同生活的建立和维持至关重要。布伯一直倡导共产主义下的社会主义，这源于他长期研究蒲鲁东（Proudhon）、马克思、克鲁泡特金（Kropotkin）、兰道尔和列宁的著作，以及对巴黎公社、工人合作社和早期集体农场等实践的参与经验。一起工作和生活需要每个人都承担一定程度的责任，但只有当一个人生活在真实的世界中，对亲临其境面对的问题有所反应时，这一切才有意义。因此，一个人有义务抵制将脸部作为图形，以及抵制出于惯性去聆听别人的讲话。看一看布伯所说的“身处鲜活世界的生命”吧。不同的生活环境会造就独一无二的新面孔，这个面孔从前没有见过，将来也不会再见到。

有些人曲解了布伯的作品，事实上，他对见面的看法并不神秘，也没有多少乏味的热情。见面可以发生在陌生人或敌人之间，也可以发生在邻里、同事、恋人之间；可以是个人之间，也可以是群体之间。见面只是维持人类联系的一个必要先决条件："一个人就算遭遇暴力，也比面对没有面孔的幽灵般的数字关怀要好。"[25]对话交流带来的不是卢梭式的灵魂交汇，而是在一个破碎的世界中，偶然出现的"活生生的、互惠的人际关系"。正如布伯一直讲的那样，人们彼此间的关系永远是不完整的，永远不会完全实现，就像以此为基础的社区也永远是一个未完成的、正在进行的事业一样。布伯欣然承认，我们大部分时间都生活在制度和市场的"它世界"（It-world）中。在"它世界"里，对利益的渴望以及对权力的追求都是自然的、无法避免的。但是纵观历史，去个性化的"它世界"曾经被不同形式的公共生活所改善，在这些公共生活中，关怀、相互支持和欢乐受到重视并且保留了下来。然而，他担心技术现代性会大举侵犯蚕食这些领域，以至于"人际关系本身的存在都会受到威胁"[26]。

布伯作品的价值不在于它有多高的独创性，而在于它清晰地表达了许多人凭直觉意识到或理解到的东西；这些平常的事物既让我们感到熟悉，也具有让人们顿悟的力量。这正是布伯仍然被许多学术派哲学家蔑视或忽视的原因，因为对他们来说，布伯的平易正是其不够格的原因。他们不怀好意地将布伯与伊曼纽尔·列维纳斯进行比较，后者的伦理理论受到追捧的部分原因正是出于它“具有挑战性的”的晦涩。与其他思想家一样，赫拉克利特（Heraclitus）残篇中的断语——“醒着的人们拥有一个共同的世界”——启发了布伯。而如今，随着人们的面部、声音和目光被剥夺并且被工具化，人类用来唤醒大众的最基本的能力进一步丧失了。

吉奥乔·阿甘本（Giorgio Agamben）在20世纪90年代早期就曾预言，这种彻底的剥夺，是语言对话可能性的终结，是对“人类语言本质”的暴力破坏。他也引用了赫拉克利特的“一个共同的世界”作为开篇，阐述了全球媒体和信息网络的影响：“被剥夺的是实现共同利益的可能性。”[27]在网络文化广泛传播之前，阿甘本撰文指出，破坏和掏空语言社会效能的方式之一，便是贬低面部的价值。在一篇文章中，阿甘本通过引用布伯的合著者弗朗茨·罗森茨维格的话说：“社会只存在于人的面部……面部的显露就是语言本身的显露。”[28]他指出面部在广告、色情业和许多其他领域中是如何被利用并被贬低的，同时写道，面部是“一场全球内战的对象，这场战争的战场是整个社会生活……世界上的所有人都是它的受害者”。如今，在这些反思过去25年后，将人们的目光、声音和面部从社会空间和人际交往中剥离出来的程度已经不存在任何的限制。它们成了被监控和分析的对象，虽然目的和用途各异，但最重要的目标是将人类更加平顺地纳入机器系统和机器操作之中。要想实现这个目标，我们对他人、对事件、对各种交流的反应，必须进一步压缩和标准化。

如今，语音分析的使用越来越广泛。通过音高、音调、语速和音量等听觉特征来识别说话者的情绪状态，就可以量化出说话者对某个讨论主题或者对交谈对象产生多大程度的“正面”或“负面”感觉。随着越来越多的平台采用语音技术，人类的语音被处理成行为信息，而机器人的声音被用来开展与用户的情感互动。同时，语音技术还在不断升级，使其听起来更加“可爱”、更加“值得信赖”。“个人助理”形成了反馈回路，机器可以通过判定用户的情绪来调整自己的表现。在流行文化中，有很多关于人机对话的描述，其中大多持乐观态度，或者将其喜剧化，让这一现象看起来无足轻重。我们被反复告知，称机器正变得越来越像人类——这是一个荒谬而愚昧的说法，因为它预设了新自由主义/社团主义所主张的“人”的定义。

尽管据说机器语音的建模已很逼真，但单词应该如何排序和表达，其中有无数细微的差别，这个问题在机器处理中却没有得到足够的重视。随着机器声音越来越普遍地存在，我们失去了辨别毫无生机的模拟声音与真人声音的敏感。人类语言中的重要内容与身体的动作无法分开，如呼吸的节奏、喉部和肌肉的运动、嘴巴和舌头的动作。几千年来，我们理解他人的主要方式之一，就是我们对这些鲜活的声音共鸣和振动所传递内容的直觉性敏感。如今，当与机器对话时，我们不由自主地扁平化和缩小了自己语言的表达空间，以至于当我们再和其他人进行语言交流时，我们语言的独特性和自发性也会消失。现在的人们开口说话常常相当于轻巧地打开或关闭开关。不过，这又有什么大不了的呢？有些人会说：难道语言不一直都是一种实践、一种做事的方式吗？这种反驳要么是幼稚的，要么是愤世嫉俗的，因为它忽视了其背后强大的机构和金融网络。深处这些网络之中，我们说出的话会由数据驱动的程序搜集起来，并加以部署利用。

当然，语言的搜集和利用并不是什么新鲜事。广播和电视时代的确让每个人都习惯了谎言——出自那些缺乏人类目的性的声音。然而，这种情况现在正在以超大的、程序化的规模发生。已故冰岛作曲家约翰·约翰逊（Jóhann Jóhannsson）在2016年用“冷战”时期的短波广播录音创作了一部作品。这些录音来自所谓的暗号广播（Numbers

Stations），情报机构在20世纪60年代和70年代通过这些数字电台传输编码信息。在这首《献给欧罗巴的歌》（*Song for Europa*）当中，我们听到了一个年轻女孩机械而单一的声音，不断重复着看似随机的数字序列。在她阴郁的朗诵中，约翰逊加入了一个弦乐合奏的哀歌式的升调和声，不仅突出了对女孩声音的捕捉及去人格化，而且突出了人类彼此关联中最宝贵也最脆弱的那些部分所遭受到的，来自现代形式的权力伤害的表现。

这种死气沉沉、具有重复性的交流的盛行，进一步削弱了个人的能力或耐心，使人无法应对与他人会面、说话和相处时的挫败感和不确定性。在过去的15年里，世界上大多数地方的人们已经习惯了货币化的交流方式，并将愿意以交谈和写信的方式交流的人们隔绝在可控的单向回路之中。与此同时，互联网助长了一种窥探和曝光的文化：一个人被认为值得了解的所有信息，很快就会变得可以搜索和检索。通过真诚的交往和坦诚，我们在时光的沉淀中对另外一个人所产生的任何了解，既没有物质价值，也变得无关紧要。我们越来越不愿去倾听，去宽容地面对一个陌生人、一个赤贫的人、一个对我们的利益毫无贡献的人。我们甚至不太能理解与人相处的困难，也无法接受一次对话的发生并非出自人际关系或友谊，而是出于对一个人的无知。企业设计的社交媒体，排除了出现与他者和痛苦发生道德关系的可能性。在许多方面，我们被诱导或被迫遵循数字化工作和休闲的常规，并与其中的平庸和愚昧保持一致。就像卡夫卡作品中的土地测量员一样，虽然明知道那个体系是邪恶的，但我们还要说服自己，只要顺从地、麻木地遵守这个体系的规章制度，就能实现我们的目标和愿望。[29]出于被动或方便起见，我们默许这些事情的发生，然而随着时间的推移，我们的思想和姿态都将不再出自我们自身。

我们生活在哲学家阿迪·奥菲尔（Adi Ophir）所说的"多余的罪恶"[30]的包围当中，这些让人难以忍受的痛苦原本可以避免，但却由于设计或忽视而一直存在。相比于当今困扰全球的各种暴行和不公，对一些人来说，这些扫描目光、面部和语音的技术所导致的伦理后果似乎并不那么重要。然而，如果我们不去关注新自由主义势力如何伤害人与人之间的亲密关系，我们就会变得越来越没有能力去支持，甚至发起大规模的反对帝国战争、经济恐怖、种族主义、性暴力和环境灾难的斗争。由于我们回应他人的能力变弱了，我们也就失去了持久的共同责任感，但也没法放弃那少得可怜的由数字孤立所提供的补偿。

当代城市生活中最引人注目同时也最庸常的现象之一，是一群原子化的人深深地被自己屏幕上的内容所吸引。这些出现在各种聚会场合的，再熟悉不过的现象放大了公共空间的内爆（译者注：Implosion，内爆是一种物体塌陷至自身内部的过程），构成了新自由主义反共同体主张的仪式性展示。这些现象预示着人与人之间的接触，以及建立在不可或缺的“与他人共处”原则之上的生机世界的消失。然而我们却被告知，这只是数字时代高效生产方式的一个恼人倒也无关紧要的副作用而已，我们终将习惯于此，或者这种行为会随着时间推移而逐渐缓和。一个人与人交往的世界的分裂，建立在忙碌、自顾不暇这样的强制性行为之上。不论是观看、工作、发短信、购物、网上冲浪、听音乐、玩游戏，还是其他，人们做什么其实已经无关紧要。结果是大众默许了一种非物质的分离结构，而维持这种结构的是模拟的自利行为，以及对超出这件事情之外任何事物的漠不关心。在这种情况下，存在一种虚无主义的意愿——让世界失灵。这是一种隔绝，却没有孤独的疗愈功能；这是公共空间虚假的私有化，毫无隐私可言。显然，资本主义已经衍生出许多让社会疏离和分裂的设置，从格奥尔格 · 齐美尔和埃米尔 · 涂尔干（Émile Durkheim），到居伊·德波和理查德·森尼特（Richard Sennett），这些思想家都已经说明了这一点。但是，即使在

20世纪中期这个“孤独的人群”（译者注：*The Lonely Crowd*，《孤独的人群》，美国学者大卫·理斯曼的著名社会学著作）的时代，公共空间仍然埋藏着各种意想不到和不可预见的事物，存在着出现偶发事件、会面或对话的可能性——这些可能性如今已经越来越微弱。

今天，公共空间细胞化的精神病理学，早在20世纪30年代就被尤金·闵柯夫斯基（Eugène Minkowski）在临床研究中预见到了。他将普遍存在的精神疾病的特点描述为“与现实失去了重要的联系”[31]。更确切地说，他认为这是同情心丧失的表现，“那是我们生活中最自然、最人性化的一面”。他写道，对于一个完好的个体来说，同情心像一层“活的外沿”包裹着我们所有的感知，让我们对他人生活的反应变得“柔软、动情和富有人性”。日复一日地沉浸在自私和个人化的追求当中，会在感官和道德上损害这个“外沿”以及这种感知的活力，也会损害我们行为的外部世界的活力。对他人的关怀和关注的减少，助长了“单向话语”和“广义自闭症”，而这两者塑造了绝大部分的在线活动。[32]

显然，同情心的泯灭和责任感的丧失，反映了日常生活中道德架构的进一步解体。除了所有的面部、声音和情绪识别工具之外，我们对人类的识别能力也开始衰退。哲学家保罗·维尔诺（Paolo Virno）研究了——“人类这种动物能够不承认另一个人类属于自己的同类。从人相食，到殖民活动和欧洲发生的种族灭绝行为，这些极端的案例有力地证明了这种可能性永远存在”[33]。——这一非常现象所导致的后果。对维尔诺来说，这种不承认是社会崩溃的开始。到处是被集体占据的空间，但又不在乎与他人的亲近关系，这种状况与当前的焦土灾难密不可分。在一个人类无法共同分享的世界里，这成了一种消极的适应。

正如阿尔贝托·佩雷斯-戈麦斯（Alberto Pérez-Gómez）所说的那样，公共空间在历史上一直是一种环境，其中营造出一种氛围，将人们聚集在一起，让个人的行为变得有意义并感觉到自己是整体的一分子。[34]然而，如今已经被原子化的社会空间的情绪或气氛令人感到不安，也显然是有害的，甚至比它表面上看起来的更具有腐蚀性。经过了日积月累，人们对其他事物或对非人类生命的奇妙丰富性的好奇心逐步消散了。体验被降格为在网上立即能被搜到的东西。马克思主义理论家恩斯特·洛霍夫（Ernst Lohoff）探讨了在市场驱动的现实中生活的暴力参数。这种情况下不存在社会，只剩下为了成功和生存不惜代价彼此竞争的个人。“没有人能幸免于这种癫狂——必须以一个自给自足的主体存在——并将其转变为一种疯狂的冲动，要不惜一切代价，甚至拿起武器，来捍卫这种难以忍受的生存方式。”[35]因此，个人对市场的臣服是以自主的错觉为标志的，但又以实际的无能为力为基础。所有社会关系的理性化和全面经济化“创造了一个温室。在这个温室里，它们的内在对立面——非理性——总是带着暴力茁壮成长”。

值得注意的是，当这个星球的未来，当人类和所有其他动物的生命面临前所未有的危机时，竟然有这么多人自愿把自己关在由少数几家正在摧毁这个社会的企业所设计出来的乏味的数字隔间里。一个通往不一样的世界的道路是不会出现在互联网的搜索引擎里的。而我们真正需要做的是对人类社会数千年历史发展取得的一切资源和实践，进行探究和创造性地接纳。各个时代都有大量关于生存技巧和社群培育的知识和真知灼见——尤其是来自南方世界和原住民的各种文化——需要我们根据当前的需要加以恢复和采纳。务实的抵抗策略也需要我们发明新的生活方式。我们必须从根本上重新思考我们到底需要什么，我们渴望什么，超越那些被反复宣扬的浅薄的欲望。目前我们与其他人交流的主要方式是通过我们所购买的东西——那些我们出于嫉妒和炫耀的目的，经过努力后才获得的微不足道的象征性资本。诚然，消费品牌产品可以带来社会差别，个人对这种社会差别有一种顽固的依赖性，将其低估是不对的。但好在事实也一直在证明，在危机或紧急情况之下，人对物质财富和社会地位的爱慕虚荣立刻就会烟消云散。对那些有孩子的人来说，这意味着放弃那令人抓狂的让孩子与同龄人竞争并获胜的期盼，相反，要让他们立志建设一个适合人类生活的共同未来。

但这只是最初的任务，只是为未来更艰巨的挑战所做的必要准备。每个地区、每个跨界社区将决定自己的道路，但正如许多人清楚认识到的那样，当务之急是扩大地方的粮食生产和流通，提供基本的保健和辅助医疗服务，保护清洁的水资源供应，公平地改造现有住房。城市社区的重组、废弃空间的回收、为现有的工具和材料寻找它们的新用途，以及扩大易货经济（barter economy），都需要具有远见的创新和务实的独创性。同样重要的是重新构建人类与动物之间的纽带，挽救生物多样性，恢复由团体参与所定义的节日和艺术精神。

20世纪50年代末，面对一系列岌岌可危的矛盾冲突，让-保罗·萨特（Jean-Paul Sartre）在其著作中提出，稀缺性是人类历史的基础。他写道："历史诞生于一种扰乱了社会各个层面的不平衡。"人为造成的稀缺性有着内在的暴力，会导致“互惠关系的破裂，以及系统性地利用人性来毁灭人类这样难以接受的惨痛事实”。眼下，焦土资本主义造成了日益严重的稀缺性，正危及地球上数十亿人和其他形式生命的生存。极端的社会不平衡、残酷的掠夺、对生命赖以生存的栖息地的破坏，都是萨特所说的“另外那些人类的实践”导致的后果。但他坚信，那些设法重建（哪怕是暂时的）人类关系中受损的基础部分的群体和共同体的“共同行动”，可以作为对这种暴力的回应。被孤立起来的人终究会发现，“共同行动才是实现共同目标的唯一途径”[36]。尽管全球资本主义已经千疮百孔，难以补救，但它仍然被一些人所维系，他们坚持自己的独立性、隐私权、远离“他人”的自由，以及对任何公有化的警惕。互联网复合体持续批量生产孤立的个体，阻止人们相互合作、相互关联，扼杀互惠和集体责任出现的可能性。后资本主义世界的门槛离我们已经不远了，最多也就是几十年的事情。但是，除非积极预设新的共同体和平等主义自治的建设能力，共享所有权，并照顾社会中的弱势群体，否则后资本主义只会孕育新的暴虐、区域专制，在更糟糕的情况下，稀缺性的面貌会变得难以想象的野蛮。萨特认为，新出现的不服从行动具有一种独特的能力，可以摆脱对“反社会机器”的顺从，将被动和孤立转变为新的团结。他说，革命性的团体在应对紧急状态时，可以定义自己的时间性，并决定“未来到来的速度”[37]。如今，半个多世纪过去了，生机世界正在遭受焚烧掳掠，想要为地球上的生命和我们彼此开创一个新的未来，留给人类的时间已经不多了。

注 释

I

1. Alain Badiou, *Ethics: An Essay on the Understanding of Evil*, trans. Peter Hallward, London: Verso, 2012, p. 121.
2. For an analysis of "the magnitude of our failure to perceive the political dimension of technology," see Alf Hornborg, "Technology as Fetish: Marx, Latour, and the Cultural Foundations of Capitalism," *Theory, Culture and Society*, vol. 31 (2014): pp. 119–40.
3. Ivan Illich, *Tools for Conviviality*, New York: Harper and Row, 1973, pp. 20–1.
4. See Jean Robert, "Energy and the Mystery of Iniquity," in *The Challenges of Ivan Illich*, eds. Lee Hoinacki and Carl Mitcham, New York: SUNY Press, 2002, p. 186.
5. Karl Marx, *Grundrisse*, trans. Martin Nicolaus, New York: Vintage, 1973,

p. 539. See also Antonio Negri, *Marx Beyond Marx,* trans. Harry Cleaver et al., New York: Autonomedia, 1992, pp. 120–1.

6. Elena Pulcini, *The Individual without Passions*, trans. Karen Whittle, Lanham, MD: Lexington Books, 2012, pp. 129–30.

7. Guy Debord, *Comments on the Society of the Spectacle*, trans. Malcolm Imrie, London: Verso, 1990, p. 15.

8. Jean-Paul de Gaudemar, "The Mobile Factory," *Zone* 1/2 (1986): 286. First published in J.-P. de Gaudemar (ed.), *Usines et ouvriers. Figures du nouvel ordre productif*, Paris: Maspero, 1980. Italics added.

9. See Harold Innis, *Empire and Communication*, Oxford: Clarendon, 1950.

10. Nancy Fraser, *The Old Is Dying and the New Cannot Be Born*, London: Verso, 2019, pp. 13–14.

11. Kate Aronoff, "Inside the Dream Defenders' Social Media Blackout," October 6, 2015, opendemocracy.net.

12. Gustav Landauer, *Revolution and Other Writings*, trans. Gabriel Kuhn, Oakland, CA: PM Press, 2010, p. 201.

13. Cited in Eugene Lunn, *Prophet of Community: The Romantic Socialism of Gustav Landauer*, Berkeley: University of California Press, 1973, p. 224.

14. Retort Collective, *Afflicted Powers: Capital and Spectacle in a New Age of War*, London: Verso, 2005.

15. See Pierre Belanger and Alexander Arroyo, *Ecologies of Power: Countermapping the Logistical Landscapes and Military Geographies of the U.S. Defense Department*, Cambridge, MA: MIT Press, 2016.

16. "Peoples' Global Action," in *We Are Everywhere: The Irresistible Rise of Global Anticapitalism*, London: Verso, 2003, p. 100.

17. Jean Baudrillard, *Carnival and Cannibal, or the Play of Global Antagonism*, trans. Chris Turner, London: Seagull, 2010, pp. 23–5.

18. Aimé Césaire, *Discourse on Colonialism*, trans. Joan Pinkham, New York: Monthly Review Press, 1972, pp. 42–3. Emphasis in original.

19. Bernard Stiegler, *The Decadence of Industrial Democracies*, trans. Daniel Ross and Suzanne Arnold, Cambridge: Polity, 2011, pp. 7–13.

20. Bernard Stiegler, *Symbolic Misery, Volume 1: The Hyperindustrial Epoch*, trans. Barnaby Norman, Cambridge: Polity, 2014, p. 10.

21. Enrique Dussel, *Beyond Philosophy: Ethics, History, Marxism, and Liberation Theology*, Lanham, MD: Rowman and Littlefield, 2003, pp. 68–9.

22. Franco Berardi, *Heroes: Mass Murder and Suicide*, London: Verso, 2015, p. 88.

23. Ludwig Binswanger, *Being-in-the-World*, trans. Jacob Needleman, New York: Basic Books, 1963, p. 259.

24. Gilles Deleuze and Félix Guattari, *Anti-Oedipus: Capitalism and Schizophrenia*, trans. Robert Hurley, Mark Seem, and Helen Lane, New York: Viking, 1977 p. 341.

25. Roberto Unger, *The Religion of the Future*, Cambridge, MA: Harvard University Press, 2014, p. 26.

26. Susan George, *The Lugano Report: On Preserving Capitalism in the Twenty-First Century*, London: Pluto Press, 1999, p. 56.

27. Lewis Mumford, *Technics and Civilization*, New York: Harcourt, Brace and World, 1962 p. 195.

28. Carolyn Merchant, *The Death of Nature*, New York: Harper and Row, 1980.

29. Philippe Descola, *Beyond Nature and Culture*, trans. Janet Lloyd, Chicago: University of Chicago Press, 2013, p. 72.

30. See the characterization of the lifeworld in Jean Cohen and Andrew Arato, *Civil Society and Political Theory*, Cambridge, MA: MIT Press, 1992, pp. 427–28.

31. See Silvia Federici, *Re-Enchanting the World: Feminism and the Politics of the Commons*, Oakland, CA: PM Press, 2019, pp. 188–97.

32. The many important texts of this period included Murray Bookchin, "Ecology and Revolutionary Thought" [1965], in *Post-Scarcity Anarchism*, Berkeley: Ramparts Press, 1971; Paul Shepard and Daniel McKinley (eds), *The Subversive Science: Essays Toward an Ecology of Man*, Boston: Houghton Mifflin, 1969; Lynn White Jr., "The Historical Roots of Our Ecological Crisis," *Science*, vol. 155 (April 1967); Richard A. Falk, *This Endangered Planet*, New York: Random House, 1971; Barry Commoner, *The Closing Circle: Nature, Man and Technology*, New York: Knopf, 1971.

33. Guy Debord, *A Sick Planet* [1971], trans. Donald Nicholson-Smith, London: Seagull, 2009.

34. Fredric Jameson, *Postmodernism, or, the Cultural Logic of Late Capitalism*, Durham: Duke University Press, 1991, p. ix.

35. Jacques Derrida, *Specters of Marx*, trans. Peggy Kamuf, New York: Routledge, 1994, pp. 80–5.

36. John Ruskin, *Modern Painters*, vol. 5, New York: John Wiley, 1879, p. 297.

37. Rosa Luxemburg, *The Rosa Luxemburg Reader*, eds Peter Hudis and Kevin Anderson, New York: Monthly Review Press, 2004, p. 64.

38. Ibid., p. 103.

39. Karl Polanyi, *The Great Transformation* [1944], Boston: Beacon, 1967, p. 3.

40. Ibid., p. 133.

41. See Henry A. Giroux, *Against the Terror of Neoliberalism*, Boulder, CO: Paradigm, 2008, pp. 91–7.

42. Félix Guattari, *The Three Ecologies*, trans. Ian Pindar and Paul Sutton, London: Bloomsbury, 2000, p. 21.

43. Hannah Arendt, *Responsibility and Judgment*, New York: Schocken, 2003, p. 160.

44. Hans Jonas, *The Imperative of Responsibility*, Chicago: University of Chicago Press, 1984, p. 19.

45. Jürgen Habermas, *The Theory of Communicative Action: Lifeworld and System*, trans. Thomas McCarthy, Boston: Beacon, 1987, pp. 390–1.

46. Henri Lefebvre, *The Production of Space* [1974], trans. Donald Nicholson-Smith, Oxford: Blackwell, 1991, p. 287.

47. Andreas Malm, *Fossil Capital: The Rise of Steam Power and the Roots of Global Warming*, London: Verso, 2016, pp. 301–2.

48. Robert Pogue Harrison, *Forests: The Shadow of Civilization*, Chicago: University of Chicago Press, 1992, pp. 51–2.

49. Steven J. Heims, *John von Neumann and Norbert Wiener: From Mathematics to the Technologies of Life and Death*, Cambridge, MA: MIT Press, 1980, p. 247.

50. Paul Virilio, *Pure War*, trans. Mark Polizotti, New York: Semiotext(e), 1983, p. 54.

51. Simone Weil, *The Need for Roots*, trans. Arthur Wills, New York: Putnam, 1952, pp. 43–4.

II

1. Charles Lyell, *Principles of Geology* [1833], New York: Penguin, 1997.

2. John Bellamy Foster, Brett Clark, and Richard York, *The Ecological Rift: Capitalism's War on the Earth*, New York: Monthly Review Press, 2010, p. 37.

3. See, for example, Robert Kurz, *The Substance of Capital*, trans. Robin Halpin, London: Chronos, 2016; and Ernst Lohoff and Norbert Trenkle, *La Grande Dévalorisation*, trans. Paul Braun, Gérard Briche, and Vincent Roulet, Paris: Post-éditions, 2014.

4. Robert Kurz, *World Crisis: Robert Kurz's Annotated Interview*, ed. Charles Xavier, New Charleston, SC: Create Space Independent Publishing, 2017.

5. Wolfgang Streeck, *How Will Capitalism End?* London: Verso, 2016, p. 58.

6. David Graeber, "Reply to Žižek," *London Review of Books*, vol. 29, no. 22 (November 2007): 7.

7. Georges Sorel, *The Illusions of Progress* [1908], trans. John Stanley, Berkeley: University of California Press, 1969.

8. See François Hartog, *Regimes of Historicity: Presentism and Experiences of Time*, trans. Saskia Brown, New York: Columbia University Press, 2015.

9. Joseph Gabel, *False Consciousness: An Essay on Reification* [1962], trans. Margaret Thompson, New York: Harper, 1978, p. 151.

10. See, for example, Wells's conclusion to his *The Outline of History*, New York: Macmillan, 1920.

11. Svetlana Alexievich, *Secondhand Time: The Last of the Soviets*, trans. Bela Sheyevich, New York: Random House, 2017, pp. 135–6.

12. Günther Anders, *Hiroshima est partout*, trans. Denis Trierweiler et al., Paris: Seuil, 2008, pp. 56–5.

13. Tiqqun, *The Cybernetic Hypothesis* [2001], trans. Robert Hurley, Pasadena: Semiotext(e), 2020, pp. 52–3.

14. Luis Suarez-Villa, *Technocapitalism*, Philadelphia: Temple University Press, 2009.

15. Nicholas Davies, "What Is the Fourth Industrial Revolution?" World Economic Forum, January 19, 2016, weforum.org.

16. Federico Campagna, *Technic and Magic: The Reconstruction of Reality*, London: Bloomsbury, 2018, pp. 42–3.

17. Robert Smithson, *The Writings of Robert Smithson*, ed. Nancy Holt,

New York: NYU Press, 1979, p. 111.

18. Jacques Camatte, *This World We Must Leave and Other Essays*, New York: Autonomedia, 1995, p. 97.

19. Jean-François Lyotard, *The Postmodern Explained*, trans. Barry Don et al., Minneapolis: University of Minnesota Press, 1992, p. 18.

20. Alfred North Whitehead, *Science in the Modern World*, New York: Macmillan, 1925, p. 96.

21. See, for example, Max Weber, "Science as a Vocation" [1917], in *The Vocation Lectures*, trans. Rodney Livingstone, Indianapolis: Hackett, 2004, pp. 1–31.

22. Jean-Pierre Dupuy, *The Mark of the Sacred*, trans. M. B. DeBevoise, Stanford: Stanford University Press, 2013, p. 46.

23. Melinda Cooper, *Life as Surplus: Biotechnology and Capitalism in the Neoliberal Era*, Seattle: University of Washington Press, 2008, p. 11.

24. Zygmunt Bauman, *Mortality, Immortality and Life Strategies*, Stanford: Stanford University Press, 1992, p. 134.

25. Theodor Adorno, "Education After Auschwitz," in *Critical Models: Interventions and Catchwords*, trans. Henry Pickford, New York: Columbia University Press, 1998, pp. 198–201.

26. Norman O. Brown, *Life Against Death*, Middletown, CT: Wesleyan University Press, 1959, p. 286.

27. Günther Anders, "On Promethean Shame," in Christopher Müller (ed.), *Prometheanism: Technology, Digital Culture and Human Obsolescence*, London: Rowman and Littlefield, 2016, p. 50.

28. Lewis Mumford, *The City in History,* New York: Harcourt Brace, 1961, p. 527.

29. Walter Benjamin, *The Writer of Modern Life: Essays on Charles Baudelaire*, trans. Harry Zohn, Howard Eiland, and Edmund Jephcott, Cambridge, MA: Harvard University Press, 2006, p. 86.

30. Anna Tsing et al. (eds), *Arts of Living on a Damaged Planet*, Minneapolis: University of Minnesota Press, 2017, p. 7.

31. See Malcolm J. Rohrbough, *Rush to Gold: The French and the California Gold Rush 1848–1854*, New Haven: Yale University Press, 2013.

32. Ernst Bloch, *The Principle of Hope*, trans. Neville Plaice, Cambridge, MA: MIT Press, 1986, p. 49.

33. See Jean Comaroff and John Comaroff, *Millennial Capitalism and the Culture of Neoliberalism*, Durham: Duke University Press, 2001, pp. 22–6.

34. Norbert Elias, *The Society of Individuals*, trans. Edmund Jephcott, Oxford: Blackwell, 1991, p. 201.

III

1. Herbert Marcuse, *Eros and Civilization*, New York: Random House, 1961, p. 220.

2. Herbert Marcuse, *One-Dimensional Man: Studies in the Ideology of Advanced Industrial Society*, Boston: Beacon Press, 1964, p. 158.

3. See Bernard Stiegler, *The Decadence of Industrial Democracies*, trans. Daniel Ross, Cambridge: Polity, 2011, pp. 62–3.

4. Edmund Husserl, *The Crisis of European Sciences and Transcendental Phenomenology*, trans. David Carr, Evanston, IL: Northwestern University Press, 1970, p. 46.

5. Ibid., p. 163.

6. Hannah Arendt, *On Revolution*, New York: Random House, 1963, pp. 232–3.

7. See Andreas Bernard, *The Triumph of Profiling: The Self in Digital Culture*, trans. Valentine Pakis, Cambridge: Polity Press, 2019.

8. See my *Suspensions of Perception: Attention, Spectacle, and Modern Culture*, Cambridge MA: MIT Press, 1999.

9. The Swedish company Tobii is a global leader in eye tracking technologies. See *tobiipro.com/fields-of-use/user-experience-interaction*. Emphasis added.

10. John Dewey, *Experience and Nature*, Chicago: Open Court, 1925, pp. 167–9.

11. From William Blake, "Vala or the Four Zoas," dated 1797.

12. Stan Brakhage, "On Filming Light" [1974], in *Stan Brakhage: Interviews*, ed. Suranjan Ganguly, Jackson: University Press of Mississippi, 2017, p. 56.

13. See Eric Hobsbawm, *The Age of Empire 1875–1914*, New York: Pantheon, 1987, pp. 243–62.

14. Alphonse Bertillon, "Tableau des nuances de l'iris humain," *Bulletin de la Société d'Anthropologie de Paris*, vol. 3, no. 1 (1892): 384–7.

15. Hanneke Grootenboer, *Treasuring the Gaze: Intimate Visions in Late Eighteenth-Century Eye Miniatures*, Chicago: University of Chicago Press, 2012.
16. Paul Shepard, *Man in the Landscape: A Historic View of the Esthetics of Nature*, College Station: Texas A & M University Press, 1967, p. 20.
17. Adolf Portmann, "The Seeing Eye," *Landscape*: *Magazine of Human Geography*, vol. 9, no. 1 (1959).
18. See Francisco Varela et al., *The Embodied Mind: Cognitive Experience and Human Experience*, Cambridge, MA: MIT Press, 1993, p. 163.
19. Georg Simmel, *On Individuality and Social Forms*, ed. Donald Levine, Chicago: University of Chicago Press, 1971, p. 330.
20. David Abram, *The Spell of the Sensuous: Perception and Language in a More-Than-Human World*, New York: Random House, 1997.
21. Boaventura de Sousa Santos, *The End of the Cognitive Empire*, Durham: Duke University Press, 2018, p. 93.
22. Jean-Jacques Courtine and Claudine Haroche, *Histoire du visage*, Paris: Rivages, 1988.
23. Avery Gordon, *Ghostly Matters: Haunting and the Sociological Imagination*, Minneapolis: University of Minnesota Press, 1997, pp. 4–5.
24. Sigrid Weigel, "Phantom Images: Face and Feeling in the Age of Brain Imaging," *Kritische Berichte*, vol. 40, no. 1 (January 2012).
25. Martin Buber, *I and Thou*, trans. Walter Kaufmann, New York: Simon & Schuster, 1970, p. 75.
26. Martin Buber, *The Knowledge of Man*, trans. Maurice Friedman,

London: Allen and Unwin, 1965, p. 67.

27. Giorgio Agamben, *Means Without End: Notes on Politics*, trans. Vincenzo Binetti and Cesare Casarino, Minneapolis: University of Minnesota Press, 2000, p. 81.

28. Ibid., p. 90.

29. See Günther Anders, *Franz Kafka* [1951], trans. Anthony Thorlby, New York: Hillary House, 1960.

30. Adi Ophir, *The Order of Evils: Toward an Ontology of Morals*, trans. Rela Mazali and Havi Carel, New York: Zone Books, 2005, pp. 515–16.

31. Eugène Minkowski, *Lived Time: Phenomenological and Psychopathological Studies*, trans. and intro. Nancy Metzel, Evanston, IL: Northwestern University Press, 1979.

32. These two phrases are from Guy Debord, *The Society of the Spectacle*, trans. Donald Nicholson-Smith, New York: Zone Books, 1994, p. 153.

33. Paolo Virno, *Multitude: Between Innovation and Negation*, trans. Isabella Bertoletti, Los Angeles: Semiotext(e), 2008, pp. 181–2.

34. Alberto Pérez-Gómez, *Attunement: Architectural Meaning After the Crisis of Modern Science*, Cambridge, MA: MIT Press, 2016, pp. 28–30.

35. Ernst Lohoff, "Violence as the Order of Things" [2003], *Mediations*, vol. 27 (Fall/Spring 2013–14).

36. Jean-Paul Sartre, *Critique of Dialectical Reason* [1960], vol. 1, trans. Alan Sheridan-Smith, London: Verso, 2004, p. 387.

37. Ibid., p. 390.